发出时代强音

文化、价值观自信与中国道路国际话语权

舒隽 著

中国社会科学出版社

图书在版编目（CIP）数据

发出时代强音：文化、价值观自信与中国道路国际话语权/舒隽著．
—北京：中国社会科学出版社，2017.8
ISBN 978 - 7 - 5203 - 0821 - 2

Ⅰ.①发…　Ⅱ.①舒…　Ⅲ.①对外政策—宣传工作—研究—
中国　Ⅳ.①D820

中国版本图书馆 CIP 数据核字（2017）第 194384 号

出 版 人	赵剑英
责任编辑	田 文
特约编辑	张冬锐
责任校对	付晓慧
责任印制	王 超

出 版	中国社会科学出版社
社 址	北京鼓楼西大街甲 158 号
邮 编	100720
网 址	http://www.csspw.cn
发 行 部	010 - 84083685
门 市 部	010 - 84029450
经 销	新华书店及其他书店

印 刷	北京君升印刷有限公司
装 订	廊坊市广阳区广增装订厂
版 次	2017 年 8 月第 1 版
印 次	2017 年 8 月第 1 次印刷

开 本	710×1000 1/16
印 张	11.5
字 数	150 千字
定 价	48.00 元

凡购买中国社会科学出版社图书，如有质量问题请与本社营销中心联系调换
电话：010 - 84083683

目　　录

第一章 文化、价值观自信与中国道路国际话语权的学理阐释

中华文明有着五千多年的历史，其文化内涵可谓博大精深。文化是一个非常广泛和最具人文意味的概念，它是相对于经济、政治而言的人类全部精神活动及产品。价值观则是社会成员在用来评价行为、事物以及各种可能的目标选择中符合自己意向的目标。对于一个民族和一个国家来说，价值观实际上是对发展道路、制度模式的另一种选择，它与国运息息相关。①

新中国成立以来，中国共产党带领亿万中国人民探索出了一条适合本国国情发展的道路，并取得了举世瞩目的成就。现在中国已经成为世界第二大经济体，国人的观念也发生了很大的变化，寻本究源，是因为传统文化对中国发展带来的巨大作用。中国的价值观自信是在中国发展的成功经验基础上、在吸收传统文化精华的基础上提出的，必将为中国的进一步发展提供巨大的精神力量。

---

① 《价值观自信：中国发展的强大精神力量》，《光明日报》2014 年 10 月 1 日。

在当今全球化的时代，一个国家在错综复杂的国际关系中，其话语权既是软实力的表现，也是硬实力的表现。中国作为当今世界上的发展中大国，中国道路和中国话语权是事关国家生死存亡的大是大非问题。中国话语权是中国道路表达时代的最强音，在中国的软实力建设中，中国应该高度关注国际话语权的建设，使中国声音"走出去"，向国际社会传达中国的真实声音、展现中国的正面形象，为中国的科学发展、和谐发展、和平发展创造良好的环境。

一 文化、价值观自信的内涵与外延

对于文化概念的解读，一直众说不一。东西方的辞书或百科全书对文化的理解和解释是：文化是相对于政治、经济而言的人类全部精神活动及其产品。从目前的角度来看，文化价值观是巨大的文化冰山中最具有意义的文化部分。在探讨文化时，大家对"价值观"这个名词的定义非常明确和有限：文化价值观是指一群人认为有益的、正确的或有价值的信条。

文化价值观是指文化领域里一些被重视和被否认的现代化理论及历史言行引起的感想。价值观是有生命的，在不同的年代价值观有不同的价值，所以价值观也是有年代作用的。而价值观的确立，属于自然人本身的认可和衡量，一个人经历的年代不同，价值观也不同。文化价值观也一样，文化价值观不分等级，不分高低，不分贵贱，没有阶级性。文化价值观包含两个方面，一个是对好的文化的判定，一个是对不好的文化的判定。

（一）文化、价值观的文化基因

人作为生物的一类而区别于其他，除具有生物特性之外，还具有文化特性，是自然性与文化性的统一体。文化基因像生物基因一样，具有独特性、遗传性、规定性和变异性等特点。① 人类进化是生物基因与文化基因并存化进化机制的进化过程，文化基因总是在群体与群体、群体与个体、个体与个体之间发生作用和影响，在横向与纵向两个方向上传播与延续，从而实现"特色"文化的继承、传播、弘扬与发展。

中国文化内涵博大精深，形式丰富多彩，马克思主义文化、中华民族优秀传统文化、革命文化、外来思想文化等，不断丰富着我国文化"百花园"。文化的融合与发展决定着我国社会制度的选择，并影响着我国的前进方向和前进速度。

马克思主义文化观是我们认识和把握文化现象及其发展规律的思想指南和根本方法。其基本观点主要有：第一，政治文化来源于社会生活，由经济基础所决定，并且与之相适应；第二，政治文化对经济基础具有能动的反作用，在特定条件下，文化可以推动或阻碍经济的发展；第三，政治文化具有阶级性，政治文化发展的历史就是代表先进生产力与生产关系的政治文化代替旧的政治文化的历史。第四，政治文化具有民族性；第五，政治文化具有相对独立性。总之，"马克思主义文化观是在唯物史的基础上，对文化的社会地位和作用以及发展规律的科学揭示和

---

① 赵传海：《论文化基因及其社会功能》，《河南社会科学》2008 年第 2 期。

概括。它以辩证唯物主义和历史唯物主义为其哲学基石，具有突出的实践属性、批判属性和发展属性；以实现广大人民群众根本利益为其政治立场，具有鲜明的阶级属性和人民属性；以促进人自由全面发展为其价值目标，具有解放人、塑造人和发展人的文化功用。现时期，坚持马克思主义文化观在我国文化建设中的指导地位，是推进社会主义文化大发展大繁荣和建设社会主义强国的重要保障。"①

党的十八大以后，随着文化的不断丰富与发展，在意识形态领域，中华优秀传统文化的底色也变得越来越浓。习近平总书记指出："中华文化是我们提高国家文化软实力最深厚的源泉。"② 中华传统文化，是中华文明成果根本的创造力，是民族历史上道德传承、各种文化思想、精神观念形态的总体。一方面，中华传统文化包括各类思想、语言、文字等，它无时不在地融入我们生活中，与我们的生活息息相关。另一方面，中华传统文化还包括传统节日、民族风俗等，根据不同的民族风情，形成丰富多彩的文化。

习近平总书记在2016年的"七一"讲话中指出："在5000多年文明发展中孕育的中华优秀传统文化，在党和人民伟大斗争中孕育的革命文化和社会主义先进文化，积淀着中华民族最深层的精神追求，代表着中华民族独特的精神标识。"③ 习总书

---

① 田贵平、竞辉：《马克思主义文化观的再解读》，《重庆邮电大学学报（哲学社会科学）》2014年第7期。

② 《习近平关于全面深化改革论述摘编》，中央文献出版社2014年版，第87页。

③ 习近平：《在庆祝中国共产党成立95周年大会上的讲话》，《人民日报》2016年7月2日。

记的讲话表明革命文化、中华民族优秀传统文化、社会主义先进文化，共同构成了中华民族独特的精神标识。其中，革命文化是中国共产党和中国人民在革命、建设和改革开放各个历史时期形成的精神追求、精神品格、精神力量，既传承了中华优秀传统文化，又引领和发展了社会主义先进文化，在中华文明历史长河中起到了传承、融合和发展创新的作用，是中华民族最为独特的精神标识。

（二）文化、价值观的形成

中华文明体系价值观的形成，中国特色社会主义理论体系的建立与发展，直接源于改革开放以来几代中央领导人的创新理论。"改革开放三十多年来，中国共产党人和中国人民以一往无前的进取精神和波澜壮阔的创新实践，谱写了中华民族自强不息、顽强奋进的新的壮丽史诗，中国人民的面貌、社会主义的面貌、中国共产党的面貌发生了历史性的变化。"[①]

中国特色社会主义的发展，可以说直接得益于作为马克思主义哲学在中国发展的主要载体的毛泽东哲学思想。毛泽东哲学思想是中国特色社会主义理论体系的重要哲学基础，在毛泽东哲学思想的指引下，中国特色社会主义事业取得了巨大的进步与发展。中国特色社会主义理论体系是对毛泽东思想的继承和发展，它不仅在世界观上与毛泽东思想一脉相承，在价值观上

---

① 石仲泉：《毛泽东哲学思想与中国特色社会主义理论体系》，《中国延安干部学院学报》2009 年第 3 期。

也是如此。因此，毫无疑问，毛泽东思想的基本价值观，不仅是中国特色社会主义理论基本价值观的理论来源，也是当前建设社会主义核心价值体系的宝贵思想资源。

党的十一届三中全会以后，中国社会发生了历史性的重大转折，以邓小平为代表的中国共产党人，重新确定了实事求是的马克思主义思想路线，领导着处于社会主义低潮、马克思主义受到挑战的大背景下的中国，走上了一条具有中国特色社会主义发展的道路，从此揭开了改革开放的大序幕，并在新的国情和实践基础上，丰富并发展了马克思主义。当代中国马克思主义是对马列主义毛泽东思想的继承和发展，邓小平理论是马克思列宁主义同当代中国实际相结合的产物，是对毛泽东思想的继承和发展。

随着改革开放的深入和社会主义市场经济的发展，中国的社会生活发生了广泛而深刻的变化，旧的平衡打破之后新的平衡尚处于建立和完善的过程中，人民内部矛盾日趋复杂化和多样化。党的十三届四中全会以后，以江泽民为主要代表的中国共产党人高举毛泽东思想和邓小平理论的伟大旗帜，坚持用发展中的马克思主义指导发展着的实践，准确把握时代特征，科学判断党所处的历史方位，紧紧围绕建设中国特色社会主义这个主题，集中全党智慧，总结实践经验，以马克思列宁主义的巨大理论勇气进行理论创新，逐步形成了"三个代表"重要思想这一科学理论。党的十六大以后，以胡锦涛同志为总书记的党中央，高举中国特色社会主义伟大旗帜，以邓小平理论和"三个代表"重要思想为指导，立足社会主义初级阶段的基本国情，总结中国发展实践，适应中国发展要求，提出了"科学发展观"这一重大战略思想。

如果说毛泽东思想是我国文化、价值观的萌芽阶段，那么邓小平理论是我国文化、价值观的发展阶段，"三个代表"和科学发展观是我国文化、价值观的成熟阶段，现在以习近平总书记为代表的社会主义核心价值观则是我国文化、价值观的不断完善与创新阶段。党的十八大以来，中央高度重视培育和践行社会主义核心价值观。社会主义核心价值体系和社会主义核心价值观，在中国特色社会主义文化建设的过程中，是中国特色社会主义的价值引领，也是当代中国的兴国之魂。

（三）文化、价值观的核心要义与基本特征

1. 文化、价值观的核心要义

"社会主义文化的核心价值观是以人的自由全面发展为根本价值取向和终极价值目标的，具有人民性；社会主义文化核心价值观以马克思主义、中国优秀传统文化与世界文明成果为借鉴，反思社会主义五百年历史并关照当代社会主义运动，是理论逻辑与实践逻辑的统一，具有科学性和合理性；社会主义文化核心价值观涉及和兼顾了国家、社会、个人三个层面的价值愿景和价值追求，具有整体性。"① 具体来说，社会主义文化、价值观的核心要义主要包括以下三个方面的

---

① 黎家佑、钟明华：《社会主义核心价值观要义探微》，《道德与文明》2015 年第5 期。

内容：

第一，对共产主义的坚定信仰、对社会主义的坚定信仰、对中国特色社会主义道路的坚定信仰。

中国共产党是中国工人阶级的先锋队，是中国人民和中华民族的先锋队，是中国特色社会主义事业的领导核心，是中国人民利益的代表者。在中国共产党的领导下，我们立足于国情，以经济建设为中心，走上了具有中国特色的社会主义发展道路。社会主义的本质是解放生产力，发展生产力，消灭剥削，消除两极分化，最终达到共同富裕。坚持社会主义文化、价值观首先就是要坚定对共产主义的信仰，坚定对社会主义的信仰，坚定对中国特色社会主义道路的信仰。

第二，国家、集体、个人三者利益的辩证观。

西方的学者对国家的理解是政府、资本和民众三者关系的总和，而我国学者把国家理解为国家、集体和个人三者之间的关系。在社会主义文化、价值观的指引下，个人组成集体，集体组成国家，在社会主义公有制的条件下，国家、集体、个人三者利益在根本上是一致的。一方面，国家和集体利益是个人利益的前提和保证，离开了国家和集体利益，个人利益就成了无本之木、无源之水。另一方面，国家、集体利益归根结底是要保证劳动者个人利益的实现。社会主义文化、价值观指导我们：当国家利益、集体利益和个人利益之间出现冲突时，个人利益要服从集体利益和国家利益。

第三，人的自由全面发展观。

人的自由全面发展，是马克思主义的基本原理之一，也是我国教育方针的理论基石。进入新世纪以后，党和国家重新审视人类自身发展的环境和条件，对人的自由全面发展中国化原理进行了深刻的反思。人的自由全面发展包括人的需要的自由全面发展，人的素质的自由全面发展，人的本质的自由全面发展。在社会主义文化、价值观的指导下，人的自由全面发展的本质在于人的社会属性和社会关系、社会性需要和精神需要、社会素质和能力素质的全面发展。

另外，社会主义文化、价值观的核心要义还包括经济社会的协调、可持续发展的平衡观；科技创新、与时俱进的进取观；价值思想着眼于世界科学前沿的发展观；民族文化和而不同，人类命运的共同体观；独立表达、不亢不卑的话语意识的精神观；美人之美，美美与共的和谐观，等等。

2. 文化、价值观的基本特征

文化、价值观是社会的产物，文化、价值观在任何时候都是为人服务的，人不仅是文化、价值观的需求者，也是文化、价值观的承担者。根据文化、价值观的基本内容，文化、价值观具有民族性、科学性、大众性的基本特征。

（1）民族性

民族性与开放性，是中国特色社会主义文化的基本特征，具有中国特色社会主义的文化是充分吸收中国传统文化和世界各国文化精华的优秀成果。任何民族，都不是呆滞的单行线，所有文化，既有民族性也有世界性，文化的主体首先是民族，其次才是世界。只有具有民族性，文化才会具有自己的身份，也才会有存在的意义。

（2）科学性

中国特色社会主义文化是具有科学性的，它的整个体系是科学的，是以马克思列宁主义、毛泽东思想、邓小平理论和"三个代表"重要思想和社会主义核心价值观为指导的。"有中国特色的社会主义文化、价值观能正确反映自然和社会的本质及发展规律，坚持同自然观、社会观中一切非科学的文化思想进行坚决的斗争，从而使我国政治经济建设方向的决策更民主、更科学。"① 所以中国特色的社会主义文化、价值观是具有科学性的。

（3）大众性

具有中国特色的社会主义文化、价值观是先进生产力发展规律及其成果的反映，是继承人类优秀精神成果的文化，是源于人民大众实践，又为人民大众服务的文化。文化的大众性是中国共产党人的追求，也一直是中国特色社会主义文化的属性之一。人民群众是社会实践的主体，也是文化的创造者和文化的使用者，所以文化的发展也要满足广大人民群众的需要。

二　中国道路的内涵与外延

中国特色社会主义道路是近代以来中国人民经过艰辛探索后，最终选择的现代化道路，是中国共产党和中国人民在长期

---

① 胡建清：《中国社会主义文化的科学性、时代性、群众性》，《北方论坛》1999 年第 7 期。

实践中立足中国国情逐步开辟出来的社会主义发展道路，是以发展生产力和实现共同富裕为根本任务和根本目的的发展道路。党的十七大报告将中国特色社会主义道路定义为："中国特色社会主义道路，就是在中国共产党的领导下，立足基本国情，以经济建设为中心，坚持四项基本原则，坚持改革开放，解放和发展社会生产力，巩固和完善社会主义制度，建设社会主义市场经济、社会主义民主政治、社会主义先进文化、社会主义和谐社会、社会主义现代化国家。"① 根据此定义，中国特色社会主义道路的内涵与外延主要包括以下几个方面：

（一）制度模式与观念形态

习近平总书记在系列讲话中多次讲到，要从世界的高度看待世界与中国的关系以及有关发展问题；树立世界眼光，把握时代脉搏，把当今世界的风云变幻看准、看清、看透，从林林总总的现象中发现本质，尤其要认清长远趋势。这一思想有重要的世界观和方法论意义。所以，我们看待中国现行制度的特点与走向，也应当从此高度着眼。中国特色社会主义国家治理体系和治理能力，既是脚踏实地的，也是顺应世界潮流的，并积极推动着我国社会主义建设发展，参与全球治理，为人类文明进步事业作出自己的贡献。当今世界，两种不同的社会制度正在悄然而深度地变化着。资本主义制度尽管从形式上看还在发展，但从实质上来说，社会主义制度日趋强盛。因此，我们有足够的

---

① 《十七大以来重要文献选编》（上），中央文献出版社 2009 年版，第 811 页。

制度自信，站得高、看得远，正确地把握世界大势。

中国人民在中国共产党的领导下，创造了有中国特色的社会主义制度模式，实行集体领导和最广泛的民主集中制，并在实践中不断进行理论先行、理论创新，一直引领着中国社会制度的创新发展。中国特色社会主义制度模式在政党制度上实行共产党的领导和多党合作的政治协商制度，在经济上实行社会主义市场经济体制，在道路制度上，真正走了一条并且还会长期坚持走下去的和平发展道路。所以改革开放三十多年来，我们党作为人民根本利益的代表，始终坚持把实现好、维护好、发展好最广大人民的根本利益作为党和国家一切工作的出发点和落脚点，我国的社会结构、经济结构、政治结构等都在不断地规范化。

党的十八大以来，习近平总书记围绕提高国家文化软实力多次强调，要努力传播当代中国价值观念，并强调要把当代中国价值观念贯穿于国际交流和传播的方方面面。当代中国的观念形态是在马克思列宁主义、毛泽东思想、邓小平理论、"三个代表"重要思想和社会主义核心价值观的指导下逐渐形成的，是先进的思想文化内涵，对社会进步和人类的发展具有重要的推进作用。当代中国价值观念延展了革命文化的先进本质和伟大精神，与中国共产党的革命文化传统一脉相承，直接影响和塑造了几代中国人的理想信念、价值观念、精神风尚和道德操守。当代中国的观念形态也是生成于伟大的中国特色社会主义实践，是强大的社会主义经济、政治的精神体现。"从根本上说，作为一种社会意识形态，价值观念根植于人们的社会生活，是一定社会经济、政治的反映。"① "社会主义核心价值观"、民族复兴的"中国梦"等具有中国特色的社会主义当代中国价值观念，无不体现了鲜明的中国特色，具有先进的思想内涵，使中国人民在精神方面受到莫大的鼓舞。我们坚信，当代中国价值观念形态，必将以其丰富的时代内涵、深厚的历史沉淀、鲜明的中国特色展示出它独特的价值和世界意义。

（二）国内发展与对外关系

发展才是硬道理，中国特色社会主义道路的发展归根结底在于中国国内自身的发展和对外关系的发展，国内发展和对外关系的发展直接影响一个国家的综合国力的提升。坚持国内发展首先要坚持以经济建设为中心不动摇的前提，什么是社会主义、怎样建设社会主义，是贯穿中国特色社会主义的主题，这一主题的实质就是发展。社会主义的本质就是解放生产力、发展生产力，消灭剥削、消除两极分化，最终实现共同富裕。解放生产力、发展生产力是社会主义的核心，它能直接改善人民的生活，促进国家的富强。同时，发展既是手段，也是目的。作为手段，发展是实现人的价值、社会价值、精神价值的最基本的条件；作为目的，发展当然是社会主义核心价值观之一。

改革开放以来，在中国共产党的带领下，一方面我们坚持全面深化改革，增加经济社会发展新动力，另一方面我们适应经济新常态，转变经济发展方式。在不断的努力探索与实践中，中

---

① 郭凤志：《当代中国价值观念的文化自信》，《光明日报》2015 年 8 月 5 日。

国实现了人类经济发展史上少有的两大奇迹：一是持续 30 余年平均增速超过 90% 的高增长；二是持续 30 余年的无危机增长。这两大奇迹成功地把中国推到了世界经济舞台的中心，中国成为世界第二大经济体、第一大贸易国、外国投资第二大目的地国和第三大对外直接投资国。

在对外关系的发展中，中国始终坚持和平、发展、合作、共赢的原则，在坚持走和平发展道路的同时，致力于推动与外部世界的互利共赢。21 世纪以来中国得到了快速的发展，随着中国国家实力和国际影响力的不断提升，中国日益以一个世界性的大国的全新姿态屹立于世界舞台。张百家先生在描述 20 世纪中国外交时曾说："改变自己，影响世界"① "当前中国的大国复兴，有力改变了中国面临的外部环境以及中国与外部世界的关系，中国也成为推动国际力量重组甚至是国际秩序变迁的重要因素之一。"②

2012 年以来，具有鲜明特色的中国大国外交政策亮相登台，"东稳、西进、北固、南下" 的中国大周边战略蓝图清晰呈现。在中央周边工作会议召开之后的一年里，中国外交深耕周边，践行 "亲、诚、惠、容" 的战略大思路，取得了卓有成效的战略成果。中国政府强调树立 "大周边" 的战略思路的同时也向国际社会推出了一系列的经济发展议程、国际投融资机制倡议等措施，坚持以 "走出去" 战略为牵引，构建 "一带一路"、两

---

① 张百家：《改变自己，影响世界——20 世纪中国外交基本线索刍议》，《中国社会科学》2002 年第 1 期。

② 罗建波：《中国特色大国外交研究》，中国社会科学出版社 2016 年版，第 1 页。

翼齐飞的地缘经济战略框架。在不到两年的时间里，习近平总书记到访 30 多个国家和地区，遍访中亚、东南亚、东亚、南亚、欧、非、拉美、北美和大洋洲，外访强度、范围、密度为中国外交史罕见，展现了具有中国特色国家元首环球式的外交。

习近平总书记更是提出中华民族伟大复兴的"中国梦"及"两个一百年"的奋斗目标，主动强调与他国一道推进和实现"世界梦"。中国对"中国梦"和"世界梦"的畅想与追求，对和平发展的倡导与践行，是对数百年西方大国"国强必霸"传统崛起模式的超越，体现了中国对世界发展大趋势及自身与外部世界关系的准确把握，体现了东方中国对世界和平与发展的贡献及应有的责任担当，彰显了 21 世纪中国大国外交的鲜明特色。"中国梦"和"世界梦"的携手并进，正在向世界证明，中国和平发展不仅造福自己，也必将惠及世界。①

（三）经验总结与目标追求

人类总是在不断总结历史经验的过程中前进的，不忘历史，总结经验，是为了更好更快地继续前进。习近平总书记在"七一"讲话上号召全党同志一定要"不忘初心，继续前进"，明确指出：回顾历史，不是为了从成功中寻求慰藉，更不是为了躺在功劳簿上、为回避今天面临的困难和问题寻找借口，而是为了总结历史经验、把握历史规律，增强开拓前进的勇气和力量。党的十八大以来，习近平总书记高度重视学习、总结、借鉴和运用

---

① 孙东方：《中国特色大国外交研究》，中国社会科学出版社 2016 年版，第 17 页。

历史经验，在总结经验中开拓中国发展道路，不断开辟马克思主义中国化新境界。

改革开放以来，中国在融入全球化进程中努力创造和平的国际环境，始终保持独立自主，以创新为动力，在稳定中求发展，走出了一条建设中国特色社会主义的道路。中国发展道路的成功引来了海内外学者的热切关注，他们试图用"北京共识"或"中国模式"来概括中国的发展经验。

对新中国前 30 年社会主义建设道路探索的历史经验总结，是我们今天正确走在社会主义发展道路的根本前提。中国特色社会主义道路并非横空出世，它是历代国家领导人带领中国人民在不断的实践探索和经验总结中累积出来的。以毛泽东为代表的中国共产党人通过艰辛、曲折和复杂的奋斗历程，开启了适合中国国情的社会主义改造和建设道路的探索，对中国特色社会主义道路的成功建设发挥了不可磨灭的作用。这一时期的探索为新的历史时期开创中国特色社会主义提供了物质基础、理论准备和宝贵经验。

当今世界，人类文明在物质和精神方面都取得了巨大的进步，但也面临着许多突出的问题。习近平认为"要解决这些问题，不仅需要运用人类今天发现和发展的智慧和力量，而且需要运用人类历史上积累和储蓄的智慧和力量。"[1] 善于总结历史经验，是中国共产党的一大特点和优势，也是中国共产党的优

---

[1] 习近平：《在纪念孔子诞辰 2565 周年国际学术研讨会暨国际儒学联合会第五届会员大会开幕会上的讲话》，《人民日报》2014 年 9 月 25 日。

良传统。在总结中，不断发展中国特色社会主义理论体系，开拓中国特色社会主义道路，并在不断的探索与反思中，树立正确的、符合国情的发展目标。

中国共产党几代领导集体在探索我国社会主义发展目标进程中，把马克思主义一般原理和中国国情、时代特点相结合，以解放思想、实事求是、与时俱进的思想路线为指导，先后提出了"工业化"、"四个现代化"、"小康社会"、"全面小康社会"等一系列社会发展目标。在党的十八届中央委员会第五次全体会议上，审议并通过了《中共中央关于制定国民经济和社会发展第十三个五年规划的建议》，"十三五"规划勾勒出了中国未来5年发展的宏伟蓝图，展现了全面建成小康社会的多彩画卷。"十三五"规划在全球视野和战略思维指导下，正确处理政府与市场的关系，科学设定规划目标和指标，适应了时代的要求，符合社会发展规律，反映了人民的愿望。

三　国际话语权的内涵与外延

"话语"按福柯（Michel Foucault）的定义，是"由一组符号序列构成，被加以陈述，被确定为特点的存在方式"①。而"话语权"就是指说话权，即控制舆论的权利。话语权对于国际政治而言是非常重要的，也越来越引起国际关系理论界及政策研究者的关注。话语权可以塑造一个国家的地位，影响对外政

①　Michel Foucault, *The Archaeology of Knowledge*, London：Routledge，2002，p. 121.

策的选择，话语权掌握在谁的手里，谁就决定了社会舆论的走向。从话语的特征来看，话语直接影响着主体的身份，以及人们的认知。对一个国家来说，国际话语权是指以国家利益为核心，就国家事务和相关国际事务表达意见的权利。国际话语权是一个国家文化软实力的重要组成部分，它体现了知情权、参与权、表达权的综合运用，是一个国家信息传播力、舆论引导力、政治参与力、文化影响力的集中体现。国际话语权和国家利益密切相关，一个国家拥有了国际话语权不仅会有利于维护国家利益，有助于赢得国际社会的了解、认同和支持，而且对提升国际影响力具有重要意义。

（一）国际话语权的核心要素

国际话语权主要有以下几个方面的核心要素：话语内容、话语实施者、话语对象、话语平台和话语反馈。①

第一，话语内容是反映一个主权国家所关注的与自身利益相关或所承担的国际责任义务相关的观点和立场，可以包括政治、军事、经济、文化及社会生活等方面。但从国际关系发展的现实来说，话语内容往往由一个主权国家的实力及其在处理国际事务中的地位和拥有的影响所决定。

第二，话语施行者（或传播者）可以是主权国家的官方机构，也可以是非官方组织或群体，其所用符号可以是语言的，也可以是非语言的。

---

① 梁凯音：《论中国拓展国际话语权的新思路》，《国际论坛》2009 年第 3 期。

第三，话语对象是一个"有话对谁说"并涉及如何选择听众以争取或扩大话语效果的问题，而这与话题所处的国际环境和听众所在国的政治生态环境有着密切的关系。话语对象可以是外国政府和国际官方组织（如联合国及其所属机构），也可以是国际非官方组织（如国际非政府组织）、外国民间组织（如所在国的非政府组织）和民意力量（如议员或议会）等。

第四，话语平台是指话语凭借何种载体或渠道被表达，从而实现话语施行者的权利。就国际环境而言，现代社会中可以使用多种话语平台来凸显国际话语权。以国际舞台为背景的话语平台主要表现有：一是公众媒介；二是国际会议；三是主权国家的对外交流、合作和援助计划；四是国际间的正式和非正式官方互访活动；五是民意机构，主要是相关国家的议会；六是民间特别活动。

第五，话语反馈是指话语所表达的立场、主张和观点等获得的某种结果。这种反馈可以表现为：一是话语没有得到任何实际上的反应，毫无效果；二是话语在某种程度上被关注或得到相应互动，这涉及话语最终起到了什么作用的问题。前者是与话语权能否实现相关，而后者则是和话语权的增强与否相连。从话语反馈的结果上可以看到，没有作用或结果的话语，就等于是没有话语权。"说话权"与"话语权"不同的一个重要方面是，说话权可以体现为寻找发出声音的权利，而话语权要追求其所表达的话语能被确认。

（二）国际话语权的外在表征

在当代社会思潮中，话语权是影响社会发展的动力；在国际环境中，国际话语权是一个国家软实力的重要体现。"一方面，国际话语权是指一个国家在国际组织和国际体系中拥有的表决权、决定权和影响力；另一方面，是指一国通过其国际地位、实力强弱和国家形象在国际上产生的影响力和作用力。简单说来，国际话语权就是一国在国际社会权力结构中的地位和影响力，是对于国际舆论的影响和控制能力以及对于意识形态主导权的掌控和维系能力。"①

一方面，一个国家的国际话语权体现在综合国力上。

综合国力是一个国家通过有目的的行动追求其战略目标的综合能力，它是衡量一个国家基本国情和基本资源最重要的指标，综合国力包括硬实力和软实力两个方面的内容。硬实力是指支配性实力，包括基础资源（如土地面积、人口、自然资源）、军事力量、经济力量和科技力量等；软实力是相对于硬实力而言的，如文化力、外交力等。综合国力包含的这些要素发挥作用，就必须让别人切实地感受到它的存在，这就需要通过各种手段向他国进行传播。就像美国，它有着强大的综合国力，它也善于向他国展示自己的实力，如通过好莱坞展示其文化实力，通过战争展示其军事力量，通过航天飞机展示其强大的科技力量等。美国的这些对外展示，均属于国际传播的范畴。所以要建立我

---

① 杨朝钊、梁一戈：《试论我国国际话语权的建构》，《新闻世界》2013 年第 10 期。

国在国际上强有力的发言权，就要继续以经济建设为中心，解放和发展我国的生产力，增强和维护我们的综合国力，并且要利用一切可以利用的条件和资源，提高我国的国际传播能力，增强我国的国际话语权和影响力。

另一方面，一个国家的国际话语权体现在国家知情权、参与权与表达权上。

国家知情权是指一个国家在国际关系中享有的获取相关信息的自由和权利。这种源于国家需要的自然权利，已在众多国际关系领域被国际法确认为法律权利，并随着时间的推移，其外延逐步从司法上的国家对国家的知情权扩展到了公法上的国家对国际组织的知情权。国家参与权是指一个国家根据国际组织的规定，参与国际事务的管理和决策的能力。中国是全球第四大经济体和贸易大国，也是联合国安理会常任理事国，并在国际社会开始扮演重要角色。随着中国以经济力量为主的综合国力的愈加强大，其国际参与权也必将不断扩展。表达权是指公民有权依照法律表达自己对于国家公共生活的看法，一个国家的国际话语权，在很大程度上表现在国家的表达权上。掌握一定国际话语权的国家，在国际化的大家庭中可以按照自己的利益和逻辑尽可能地自由表达和宣扬自己的政治立场和政策主张，争取使本国在国际关系中占据优势地位，在国际活动中为本国争取更多的话语主动权，从而更好地为本国利益服务，同时也能提升本国在国际社会的影响力。

（三）国际话语权的影响因素

19 世纪 70 年代，法国哲学家、思想家福柯提出"话语权"这个概念，认为："话语权就是人们斗争的手段和目的。话语是权力，人通过话语赋予自己权利。"① 当今世界，国际政治在一定程度上已经演变为国家在国际关系中的话语权政治。一些重要的国际问题，比如恐怖主义的定义与反恐问题，气候变化的责任分担问题，全球化与反全球化运动的问题等，无不突出表现为国际话语权之争。冷战后，一些具有广泛影响的理论学说，如文明冲突论、历史终结论、人权高于主权论、霸权稳定论等，也都与争夺和塑造国际话语权密切相关。② 构建自己国家强大的国际话语权，要清楚国际话语权的影响因素。纵观学者们对国家话语权的研究，其影响因素主要有以下几个方面：

首先，政治因素对国家国际话语权的影响。

在国家政治关系中，能否把握国家话语权，实际上是一场国家间的综合国力的较量。国际话语权是以国家利益为中心，对国际社会发展事务和国家事务等发表意见的权利，一个国家的话语权与国家的国际影响力是成正比的，所以话语权是一种隐性的权利。在国际政治舞台上，权力无疑是一个重要的核心因素，所谓的强国和弱国之分，不过是权力的强弱之别。对于

---

① ［法］米歇尔·福柯：《福柯集》，上海远东出版社 2004 年版，第 268 页。
② 张志洲：《加强国际政治话语权研究》，《人民日报》2016 年 1 月 11 日。

中国而言，改革开放以来中国特色社会主义取得了伟大的成就，并且一直在西方不断的"话语攻击"下发展着中国特色社会主义话语体系。纵观当今世界发展局势，发达国家比发展中国家掌握着更多的话语权，也为此制造了许多的摩擦和矛盾。

其次，经济因素对国家国际话语权的影响。

在经济全球化的当今世界，一个国家的经济发展对其国际话语权有着重要的影响。在当今世界的发展格局中，经济实力强大的发达国家，往往掌握着话语权的优势。发达国家在世界经济中充当标准制定者和价格制定者的角色，他们利用自身的经济优势和技术优势，通过控制原料和成品的价格，以及结算方式和国际汇率，压榨着发展中国家。而发展中国家处于产业链的底端，只能输出原料和初级制品，即便进行了产业升级，也会被发达国家以技术、环保等各种理由加以打压。发达国家需要维持现有地位，发展中国家需要改变，那么最终就出现各国在国际组织中争夺话语权和定价权的现象。

再次，文化、价值观因素对国家国际话语权的影响。

一国的外交核心价值观是本国核心价值观在国际舞台上的拓展和延伸，它体现出一个国家在对外交往的话语评价中，能否在国际话语评价中体现本国的外交核心价值观，并在国际社会中得到认同，它影响该国是否拥有国际话语评价的权利。我国的外交核心价值观是社会主义核心价值观在国际外交舞台上的拓展和延伸，但两者之间还是有差异的。因此，在社会主义核心价值观的基础上，进一步凝练和突出我国的外交核心价值观就显得十分必要了。① 与此同时，提高中国的国际话语权，也要通过我国的核心文化和价值观打造融通中外的新概念、新范畴、新表述，讲好中国故事，既要强调话语的国际传播力，也要强调话语的质量。

四 文化和价值观自信与中国道路国际话语权的关系

中国传统文化是通过中华文明演化而汇集成的一种反映民族特质和风貌的文化，是民族历史上各种思想文化、观念形态的总体表征。中国传统文化是一种理性的文化，中国特色社会主义的文化建设传承了中国传统文化的精髓，社会主义核心价值观是建立于中国传统文化之上的，党的十八大提出全党要坚定中国特色社会主义道路自信、理论自信和制度自信。"马克思主义文化观认为，一定文化（当作观念形态的文化）是一定社会的政治和经济的反映，又作用于一定社会的政治和经济。回溯近代以来的中国历史，中国特色社会主义道路不断探索并形成的过程，无不伴随着艰辛的文化抉择，正是马克思主义进入中国，成为先进的中国共产党人共同的文化选择和信仰后，才指引中国真正走出一条适合国情的中国特色社会主义道路。"②

---

① 高飞：《中国国际话语权评价权探析》，《广州大学学报（社会科学版）》2016年第7期。

② 尹树德：《文化视角下的道路自信》，《唯实》2014年第10期。

（一）文化自信与道路自信的辩证关系

关于文化自信与道路自信，习近平总书记讲过一段话："我们从哪里来？我们走向何方？中国到了今天，我无时无刻不提醒自己，要有这样一种历史感。"① "中国有坚定的道路自信、理论自信、制度自信，其本质是建立在五千多年文明传承基础上的文化自信。"②

从历史和文化的角度来审视今天，是我们自信的一个重要的依据。中国道路是一个大的概念，全方位地体现着中国特色社会主义的理论与实践，中华文化则是其中的一个领域，更多的属于精神层面。因此，我们不能只讲道路不讲文化，也不能只讲文化不讲道路。对中国文化的自觉和自信，根本上有助于增强和丰富对中国道路的自觉和自信。而中国道路是中华民族在独特的文化传统、独特的历史命运、独特的基本国情的基础之上，经过长期的奋斗和探索，所作出的选择。所以，我们也可以说，中国道路既是政治的选择，也是文化的选择，中国道路既是中华民族的命运共同体，也是中华民族的文化共同体，明白这点，我们的道路自信便具备了精神高度和文化依据。

（二）文化和价值观对国际话语权的隐性作用

一个国家的文化价值观作为国家软实力的重要支撑，对这个

---

① 《阔步走在中华民族伟大复兴的历史征程上——记以习近平同志为总书记的党中央推进全方位外交的成功实践》，《人民日报》2016 年 1 月 5 日。
② 《习近平谈文化自信》，《人民日报》（海外版）2016 年 7 月 13 日。

国家的主流价值理念的巩固和国际话语权的增强有着直接的影响。"当前日趋复杂的国际经济、政治、文化形势对社会主义核心价值观进一步提升国际话语权提出了现实而紧迫的要求。国际话语权与国家文化软实力,二者一体两面、不可分割,有机统一于一国的核心价值观。话语权以价值观为重要支撑,所体现的是该国的文化软实力;价值观以话语权为重要手段,所展现的是文化影响力。"①

美国当代著名国际政治理论家塞缪尔·亨廷顿指出:"文化和文化认同(它在最广泛的层面上是文明的认同)形成了冷战后世界上的结合、分裂和冲突模式。"② 在任何一个国家,其发展的强大,都需要在国际舞台上彰显自己的实力,不仅包括经济、科技、军事等方面的硬实力,更包括以文化和价值观为主的软实力,并且用一定的国家话语权,从而得以在国际上,特别是意识形态领域占据一席之地。

就某种意义而言,文化软实力是一个国家国际话语权的内在要素,话语权是软实力的外在表现。一个拥有强大文化软实力的国家,必定拥有生动凝练的文化和价值观,从而拥有坚实稳固的国际话语权。当前,在世界各种思想文化交流、交融和交锋日益频繁的背景下,谁占据了文化发展的制高点,谁就拥有了强大的文化软实力,谁的核心价值观就会赢得更多的认可和支持,谁就能在国际舞台上拥有稳固的国际话语权,就能在国际

① 毛跃:《论社会主义核心价值观的国际话语权》,《浙江社会科学》2012 年第7 期。
② 习近平:《紧紧围绕坚持和发展中国特色社会主义 学习宣传贯彻党的十八大精神》,《人民日报》2012 年 11 月 19 日。

竞争中赢得主动权。①

（三）话语权提升对增强文化和价值观自信的辩证关系

文化和价值观自信的增强有利于国家话语权的提升，话语权的提升直接促进国家文化和价值观自信的增强，主要体现在：

首先，一个国家的文化价值观作为国家软实力的重要支撑，对该国的主流价值理念的巩固和国际话语权的增强有着直接的影响。党的十八大提出的"道路自信、理论自信和制度自信"在理论和实践上就是要树立文化自信，以自信的精神、自信的态度、自信的行为，大力发展文化事业和文化产业，着力向世界传扬中国精神，讲好中国故事，发出中国声音，提升中国国际话语权。

成为文化强国，是中国特色社会主义建设的重要战略目标，是中华民族真正实现复兴的内在条件和重要标志。一个国家和民族的文化之魂，既表现为在国际文化格局中的文化创新程度、发展高度、影响力度等客观态势，也表现为其所具有的先进的文化精神、强大的文化自信。作为文化发展中的集体精神状态，一个国家和民族的文化自信状况，现实地反映着并深深地影响着其文化发展的实际进程和客观态势。古往今来，每一次文化盛世的出现，都得益于并强化着相应的文化自信。没有或不能确立强大的文化自信，一个国家和民族的文化发展，便不可能有走向兴盛的底气与骨气、实现奋起的激情与活力，便会陷入

---

① 潘娜娜：《社会主义核心价值观国际话语权的构建——基于文化误读视角的分析》，《青岛行政学院学报》2015 年第 4 期。

失却"文化自我"的迷茫与焦虑，更无缘在文化发展的制高点上指点江山、激扬文字。①

其次，文化和价值观自信是继道路自信、理论自信和制度自信之后增加的第四个自信，却被认为是更基础、更广泛、更深厚的自信。只有将文化和价值观自信内化为普遍的时代情感结构，道路自信、理论自信和制度自信才会有不竭的动力。没有文化和价值观的自信，中国特色社会主义的道路自信、理论自信和制度自信就会成为无源之水和无本之木，只能流于空谈。社会存在决定着人们的意识，文化和价值观属于"上层建筑"，需要与社会的物质生产力水平相适应。中国经济的高速发展，对中国国际地位的提高带来了显著的作用，中国人的"自信力"也随之上升。在一定的历史条件下，文化和价值观的"上层建筑"会反作用于经济基础，甚至起到举足轻重的作用。历史一次次证明，在关键的历史发展时期，只有以先进文化和先进理论为指导，才能面对危机，开拓新路，夺取胜利。而在中华民族伟大复兴的关键时刻，如果没有对自身文化和价值观的高度自信，如果失去建设自身文化和价值观的领导权，中华民族的有机体就会被抽去"精气神"，从而陷入"不知向何处去"的惶惑之中，中华民族的伟大复兴也就无法实现。

再次，一个国家国际话语权的提升，直接促进该国国际地位的提升，从而使国家文化和价值观的"自信力"也随之提升。国家话语权的提升，首先表现在一国综合国力的提升上，而作

---

① 沈壮梅：《文化自信之核是价值观自信》，《求是》2014 年第 9 期。

为综合国力重要支撑的软实力很大程度上表现在文化和价值观上。一个拥有强大文化软实力的国家，必定拥有生动凝练的文化和价值观，从而拥有坚实稳固的国际话语权。反之，一个拥有坚固国际话语权的国家，也必定拥有强大的文化软实力，必定拥有生动凝练的文化和价值观。

我国自改革开放以来，在中国共产党的领导下，经济得到了高速发展，国际地位也显著提升，中国人的"自信力"也随之上升。现在，我们正在克服困难，继续提升我们的国际话语权，树立文化和价值观自信，向世界发出中国声音，讲好中国故事，传扬中国精神。通过发展具有中国风格、中国气派、中国特色的文化产业与文化事业，实现国际话语中的中国创造；通过展现中国特色社会主义制度的优越性、中国特色社会主义伟大实践带来的翻天覆地的新变化，力求实现国际话语中的中国表达；通过提高设置议题和制定标准的能力，在世界舞台上发出中国声音，力求实现国际话语中的中国倡导、全球响应，从而提高我国文化和价值观的影响力。

第二章　文化、价值观自信对提升中国道路国际话语权的重大意义

一个民族的进步，离不开文明的成长；一个国家的强盛，有赖于精神的支撑；一项伟大事业的成功，离不开文化和价值观的导航。中国特色社会主义文化、价值观念和价值体系指引着中国特色社会主义伟大事业，贯穿于中国特色社会主义的发展道路、理论体系和制度体系，并始终对中国特色社会主义伟大事业的建设实践起着决定性作用。中国特色社会主义文化、价值观念的自信是"中华民族在社会主义价值实践中价值自觉的凝练和形成、是中国特色社会主义理论体系和本质要求的价值意志对象化表达的一种意识形态，是对中国特色社会主义理论、道路和制度所蕴含的价值精神的高度信任和充分肯定。"① 只有具有对中国特色社会主义文化理论和价值观念的自觉，才会形成对中国特色社会主义的价值自信。这种文化、

---

① 罗建文、赵嫦娥：《中国特色社会主义价值自信纲论》，载《中国特色社会主义研究》（上），人民出版社 2014 年版，第 540 页。

价值观念的自信对提升中国特色社会主义道路自信、理论自信和制度自信有着非常重要的作用，它决定了中国特色社会主义建设伟大实践的方向、性质和速度，也决定了中国特色社会主义价值目标的实现，对提升中国道路国际话语权具有重大的意义。

一　文化和价值观在话语感染力和说服力方面的共鸣作用

文化、价值观自信有利于提升中国道路国际话语权，首先体现在文化和价值观在话语感染力和说服力方面能起到共鸣的作用。从词义上来分析，"话语"是由语言这一重要基础在具体使用中形成的，也就是说，语言的使用是话语形成的基础，而语言的使用主要集中在当时的社会文化环境——即语境和具体使用到的语言两个方面。根据语言的功能和性质，语言可以框定话语内容和意义体系，"决定了话语对象、叙述、概念与主题选择是如何发生，进而体现出一种权力——知识共生关系。①"因此，由语言为基础组成的话语是具有构建作用的，它可以构建身份、意义，并直接影响政策的选择。同时，根据语言当时所处的社会文化环境，话语也影响着人们的认知，并逐渐内化为背景知识，从而影响人的言行。对于国家而言，国际话语权也同样如此，在国际政治关系中的话语具有实践性、政治性和社会性的特征，

---

① 孙吉胜：《"中国崛起"话语对比研究》，世界知识出版社2015年版，第12页。

一个国家的文化、价值观念根据其话语施行者、话语内容、话语对象、话语平台和话语反馈等要素，构建和决定话语主题的选择，在感染力和说服力方面起到共鸣作用。

中国特色社会主义文化、价值观，从价值论的角度来看，是以全面文明和整体社会进步为根本出发点的价值观，是对资本主义的批判和"扬弃"，同时以理论、运动和制度形态对资本主义社会实行超越，并对人类文明实行终极关怀。在社会主义伟大实践的历史中，社会主义对人类文明的进步作出过巨大的贡献，并将在人类文明的演进中进一步充分体现社会主义的时代价值。伟大的历史实践不断证明，社会主义文化、价值观的话语感染力和说服力主要体现在以下几个方面：

（一）文化和价值观对人类社会的吸引力、同化力及共生性

真理原则和价值原则是人类活动的两个基本原则，追求真理和创造价值是人类认识社会主义文化和核心价值观实践活动的两个基本内容。马克思认为，"动物只是按照它所属的那个种的尺度和需要来构造，而人却懂得按照任何一个种的尺度来进行生产，并且懂得处处都把固有的尺度运用于对象"[①]。价值观是人们在社会生活实践中关于重大问题、根本性问题的价值意识，它通常是经过理论家的理论推导、论证，从而形成的系统化、理论化的观念体系，从深层本质和深层规律层面来反映人们对社会生活实践的意义问题，具有广泛的社会意义。

---

① 《马克思恩格斯文集》第1卷，人民出版社2009年版，第163页。

　　一种文化或价值观，对受众产生吸引力，进而产生信仰，很多时候，是由于这种文化或价值观表达了普遍性的真理，但更多时候，尽管这种文化或价值观表述的并不是普遍性的真理，但迎合了一部分人的心理需求——一种在现实中往往不被肯定和支持的心理需求。一种价值观的提出与弘扬，一定与其所处时代的经济、政治、文化、社会、国际等方面面临的复杂形势和挑战有关，与社会道德水平的滑坡和人们精神信仰上出现的焦虑、迷茫甚至缺失密不可分。社会主义核心价值观和文化软实力的凝练与提出，"既是我国社会主义建设、改革开放历史与现实发展的必然要求，又是应对我国正处于全面深化改革关键时期所面临的复杂形势与时代要求的需求。"①

　　社会主义文化、价值观是共产党人的价值追求，是共产党人具有生命力的源泉，它所追求的理想和信仰，对人类社会具有强大的吸引力、号召力以及同化性和共生性。"代替那存在着阶级和阶级对立的资产阶级旧社会的，将是这样一个联合体，在那里，每个人的自由发展是一切人的自由发展的条件。"② 社会主义的文化是先进的文化，它是在继承与借鉴的基础上，社会主义制度之下人民群众创造的面向现代、面向世界、面向未来的，民族的、科学的、大众的优秀精神成果。其价值取向有利于个人、家庭、国家与全人类的和谐与全面协调可持续发展，使人们在身体健康、财富自由、心灵自由等方面获得最大满足，并最

---

　　① 郭建宁、王久高：《社会主义核心价值观基本内容释义》，人民网—理论频道，2014 年 5 月 6 日。

　　② 《马克思恩格斯选集》第 4 卷，人民出版社 1995 年版，第 730—731 页。

终实现多文化、多民族相互尊重、竞合并存、共同繁荣。

党的十八大提出的社会主义核心价值观，以"三个倡导"为主要内容，对于帮助全党和全国人民树立科学的社会主义核心价值观、进一步推进社会主义核心价值体系建设具有十分重要的理论和现实意义。当前，我国已进入全面建设小康社会的决定性阶段，近年来，由于我国社会结构深刻变动，生活方式深刻变化，经济体制深刻变革，利益格局深刻调整，使得人们的思想活动和价值观念发生了巨大变化，人们在思想认识上的多变性、多样性日益增强，各种各样的社会思潮和价值观念多彩纷呈。在如此价值多元、思想多样的情况下，我们只有大力提倡社会主义核心价值观，以此凝练全国人民的共同价值追求，才能真正在全社会形成巨大的思想共鸣和价值共识，才能保证中国特色社会主义发展的正确方向。

（二）文化和价值观对探索形成发展中国道路的影响作用

中国特色社会主义道路的选择并不是一蹴而就的，而是近代以来中国人民经过艰辛探索后的最终选择，是一条中国共产党和中国人民在社会主义文化和价值观的引导下、在长期的实践中逐步开辟出来的道路。社会主义在其发展和演变历程中，经历了由空想社会主义到科学社会主义的伟大转变，空想社会主义者对资本主义及其价值性进行了批判，并阐释了对未来社会主义的价值理想。马克思和恩格斯运用辩证唯物主义的逻辑方法，在批判和继承空想社会主义的合理成分的基础上，对资本主义社会和人类社会历史进行了深入、细致的研究，从而创造了科学社会主义，并总结出资本主义必然灭亡，社会主义必然取得胜利的规律。恩格斯在《社会主义从空想到科学的发展》中指出，人类社会主义"是人类从必然王国进入自由王国的飞跃。"① 列宁继承和发展了马克思主义，并将马克思主义理论与俄国的实践成功结合起来，建立了人类历史上第一个社会主义制度和社会主义国家。

中国特色社会主义道路的选择经历了漫长而曲折的历史过程，在社会主义文化和价值观的指引下，根据马克思列宁主义的指导思想，我国建立了中国共产党这一无产阶级政党，并在中国共产党的带领下，将马克思列宁主义基本原理同我国时代特征和具体实践相结合，走上了具有中国特色的社会主义道路。中国共产党在领导中国革命的进程中，在总结革命经验教训的基础上，形成了毛泽东思想，取得了新民主主义革命的胜利，诞生了新中国，第一次成功实现了马克思主义与中国革命实践相结合。在漫长而艰辛的革命探索和实践中，中国共产党以中华民族优秀的传统文化为底蕴，以马克思主义为指导，形成了立党为公、执政为民，全心全意为人民服务的宗旨，旗帜鲜明地将社会主义价值观作为时代主流的价值观，用以教育广大党员干部，并向人民大众宣传和普及，推进我国社会主义建设发展。

新中国成立后，在中国共产党的带领下，我国开始进入由新民主主义向社会主义过渡的阶段，并在社会主义改革之后，确立了以马克思列宁主义、毛泽东思想为指导、以人民民主专

---

① 《马克思恩格斯选集》第 3 卷，人民出版社 1995 年版，第 758 页。

政为国体、以人民代表大会制度为政体的社会主义制度，全面而彻底地实现了广大人民当家做主的权利，实现了中华民族历史上最为深刻的社会变革。1956 年社会主义改造完成后，我国建立了社会主义基本制度，从此进入了社会主义初级阶段。中国共产党用社会主义价值观和社会主义理想激起全民建设社会主义的高潮，开始从政治、经济、文化、医疗卫生、教育等方面探索中国自己的社会主义建设道路，并形成高度一致的核心价值体系和价值观。为人民服务、爱国爱党、大集体、计划经济、公有制、人民民主、无私奉献、共产主义新人等成为此时期的主体价值话语。党的十一届三中全会后，以邓小平为核心的党中央逐步开辟了一条建设中国特色社会主义的道路，中国人民进入了改革开放和社会主义现代化建设的新时期。此后，在中国共产党的带领下，中国人民逐步走上了中国特色社会主义道路。

"纵观改革开放 30 多年的发展历程，为人民服务、民族、自由、文明、富强、共同富裕、公有制、商品经济、社会主义市场经济、平等、公平、正义、法制、法治、德治、集体主义、爱国主义、创新、以人为本、和谐、人的全面发展等概念，凸显了此阶段社会主义核心价值观的基本基因。"① 改革开放 30 多年来，国际共产主义运动的潮起潮落，社会主义在中国的新成就和新局面，使我们深刻认识到，中国特色社会主义制度，以及中国特

---

① 郭建宁、王久高：《社会主义核心价值观基本内容释义》，人民网—理论频道，2014 年 5 月 6 日。

色社会主义道路和社会主义理论价值体系，是符合最广大人民群众的利益和要求的，是适合中国国情的。今天，我们继续在中国共产党的领导下，坚持走中国特色社会主义道路，实现中华民族的伟大复兴，是现阶段中国各族人民的共同理想和追求。实践已证明，中国特色社会主义理论体系，是指导党和人民实现中华民族伟大复兴的正确理论；中国特色社会主义制度，集中体现了中国特色社会主义的优势和特点，是当代中国发展进步的根本制度保障；中国特色社会主义道路，是创造人民美好生活的必由之路，是实现社会主义现代化的必然选择。

（三）文化和价值观对凝聚中国民族精神和民族自信的重要作用

先进文化对形成民族凝聚力，弘扬民族精神，有着极大的促进和激励作用。世界上每一个成熟的民族都有属于自己特有的文化个性和文化形态，这种特有的文化是民族亲和力和凝聚力的重要源泉。中国文化历史悠久，其优秀的传统文化培养了勤俭持家、刻苦耐劳、不畏强暴的民族性格和爱国主义精神，在历史上对中华民族的发展、进步、稳定和统一起到了重要作用。今天，要实现社会主义伟大复兴和实现社会主义的现代化，同样离不开先进文化的凝聚和激励作用。

中国特色社会主义道路是中国人民共同经历探索和实践而选择的道路，其凝聚和形成的文化和核心价值观是全体中国人民共同劳动与智慧的结晶。社会主义事业本身就是人民群众的事业，是由人民进行创造和发展的事业，中国特色社会主义道路的开辟离不开广大中国人民群众的伟大创造，中国特色社会主义道路的坚持和完善也离不开广大中国人民群众的伟大实践。人民群众不仅是先进生产力和先进文化的创造主体，也是推动社会主义事业发展的主体。广大人民群众在创造和发展社会主义建设的实践中，通过对历史经验和教训不断总结和提炼而形成的社会主义文化和价值观，对我国民族精神和民族自信的促进具有重要作用。习近平总书记指出："只要我们紧密团结，万众一心，为实现共同梦想而奋斗，实现梦想的力量就无比强大，我们每个人为实现自己梦想的努力就拥有广阔的空间。生活在我们伟大祖国和伟大时代的中国人民，共同享有人生出彩的机会，共同享受梦想成真的机会，共同享有同祖国和时代一起成长与进步的机会。"① 在中国特色社会主义文化和价值观的指导下，将全国各族人民的力往一处拧，劲往一处使，每个人都有机会、有梦想、有追求、有奋斗，全国各族人民紧密团结，用13亿人的智慧和力量汇成不可战胜的磅礴之势，最终战胜任何艰难险阻。

在历史长河中，中华民族精神凝聚力和民族自信心是维系整个民族生存与发展的一种内在力量，是全国各族人民团结奋斗、万众一心的精神纽带。在影响民族精神凝聚力和民族自信心的众多因素中，有的因素的影响作用会随着时代的变迁而改变，只有文化和价值观的影响作用在当代中国民族精神凝聚力和民族自信心的发展中的作用日益重要。刘云山指出："文化软实力在很大程度上表现为民族凝聚力，而这种凝聚力主要来自于人

---

① 《习近平谈治国理政》，外交出版社2014年版，第40页。

们对社会主义核心价值观的认同。"① 党的十七大也明确指出，文化越来越成为当今时代民族凝聚力和创造力的重要来源，越来越成为综合国力竞争的重要因素。

作为社会主义文化和价值观具体表现的社会主义核心价值体系，是当代中华民族精神凝聚力和民族自信心不断增强的根本源泉。一个民族的文化，沉淀着这个民族最深层的行为准则和精神追求，凝聚着这个民族对生命和世界的现实感受和历史认识，民族文化和价值观是一个民族精神凝聚力和民族自信的重要源泉与根本力量。另外，社会主义核心价值体系是当代中华民族精神凝聚力和民族自信的精神纽带，对增强我国民族凝聚力和民族自信心起到根本的保证作用。社会主义核心价值体系以马克思主义为指导思想，以中国特色社会主义为共同理想，其基本内容由以改革创新为核心的时代精神和以爱国主义为核心的民族精神，以及社会主义荣辱观和社会主义核心价值观共同构成。社会主义核心价值观充分吸收了中华民族优秀传统文化成果，具有强烈的时代感和鲜明的民族性，以实现最广大人民群众的根本利益为出发点和落脚点，是当代中华民族凝聚力和民族自信心的精神纽带和根本保证。

二　文化和价值观的"隐性权力"属性

文化是在核心价值体系的基础上形成的共同认知模式和行为

---

① 刘云山：《更加自觉、更加主动地推动社会主义文化大发展大繁荣》，《人民日报》2007 年 10 月 29 日。

准则，它是一个社会重要的精神支柱，既能丰富人民的生活，也能创造不同于经济和科学技术的新的发展动力。文化是一个国家和民族的血脉和精神家园，民族的进步，离不开文明的成长，国家的强盛，有赖于精神的支撑。价值观是我们在处理价值过程中持有的根本观点和方法，反映的是客体对我们的意义和有用性。核心价值观是社会系统得以正常运转、社会秩序得以有效维护的重要途径，对我们的价值取向、价值追求和价值实现起到引领作用，是一个国家和民族的兴国之"魂"。核心价值观是文化软实力的最根本要素，对我国特色社会主义建设和伟大复兴的实现以及国际话语权的提升起到"隐性权利"的作用。党的十八大以来，党中央高度重视培育和践行社会主义文化和核心价值观。习近平总书记多次作出重要论述，并提出明确要求：核心价值观是文化软实力的灵魂、文化软实力建设的重点。这是决定文化性质和方向的最深层次要素。一个国家的综合国力建设和国家话语权的提升，从根本上来说，取决于其文化和价值观的生命力、凝聚力和感召力。

（一）文化和价值观在国家软实力竞争中的根本性作用

社会主义核心价值体系是社会主义先进文化的精髓，社会主义文化和核心价值体系是由一系列价值观念、价值指向和价值原则构成的，它是指引社会前进的精神旗帜。

社会主义文化和核心价值体系是社会主义意识形态的本质体现，在国家文化软实力建设中具有统摄与引导的地位和作用。首先，社会主义文化和核心价值体系决定了我国国家文化软实力的性质，决定了我国进行国家文化软实力建设的方向。国家文化软实力的核心是意识形态和价值观，我国的国家文化软实力，要体现我国的社会意识形态和价值观，从根本上说，就是要坚持马克思主义在意识形态的一元领导。马克思主义作为社会主义核心价值体系的灵魂，决定着文化软实力的性质和发展方向。其次，社会主义文化和核心价值观体系是我国文化软实力建设的力量之源。中国特色社会主义共同理想是社会主义核心价值体系的主题，是中华民族共同奋斗的精神动力，具有强大的凝聚力，是提高国家文化软实力的精神纽带和力量源泉。再次，社会主义文化和核心价值体系是我国国家文化软实力建设的精神动力。爱国主义是中华民族最深厚的思想传统，改革创新是当代中国最鲜明的时代特征，以爱国主义为核心的民族精神和以改革创新为核心的时代精神是我国民族文化和时代发展的集中体现，是社会主义核心价值体系的精髓，为我国文化软实力建设和中华民族伟大复兴提供源源不竭的精神动力。最后，社会主义文化和核心价值体系是我国国家文化软实力建设的基础。这表现社会主义核心价值观在社会主义核心价值体系中的基础性地位，为文化软实力的建设提供价值准则。

社会主义文化和核心价值观体系是我国国家软实力建设的核心和根本，构成了我国国际文化软实力建设的重要内容和途径。在当今国际关系中，国家的综合国力决定着其在世界秩序中的地位和话语权，各国在充分重视自身经济、政治、军事等硬实力建设的同时，也越来越重视软实力的建设，把各国间软实力的竞争作为国际关系博弈取得胜利的关键。作为综合国力的重要组成部分，国家软实力日益成为一国国际地位和国际影响力的重要衡量指标之一。文化软实力的核心在于一个国家国民的核心价值观念、理想信念、民族文化传统和文化科学素质、民族性格及民族心理等形成的现实力量。在当代中国，社会主义先进文化的建设是我国文化建设和国家软实力建设的主题，社会主义文化和核心价值体系是我国文化软实力的核心和灵魂，是社会主义先进文化的集中体现，社会主义文化和核心价值体系的建设是提高我国国家软实力的重要途径。而国家软实力的增强是社会主义文化建设和社会主义核心价值体系建设的目的和必然结果，有利于提升社会成员对于社会主义文化和核心价值体系的认同感，有利于促进社会主义先进文化的传播，增强我国文化的吸引力和社会成员的凝聚力及向心力。

社会主义文化、核心价值体系决定着中国特色社会主义的发展方向，是社会主义先进文化的精髓，可谓是兴国之"魂"。增强国家软实力，必须加快推进坚持马克思主义指导地位、坚定中国特色社会主义共同理想、弘扬以爱国主义为核心的民族精神和以改革创新为核心的时代精神、树立和践行社会主义核心价值观的社会主义文化和核心价值体系建设。首先，要将社会主义文化和核心价值体系融入全民教育的全过程，增强国家文化软实力。推进社会成员对社会主义文化和核心价值体系的认同，必须将社会主义文化和核心价值体系融入对国民的教育中。其次，以社会主义文化和核心价值体系引领各种社会思潮，增强国家文化软实力。一方面，必须毫不动摇坚持马克思主义指导思想，坚持社会主义文化和核心价值体系在社会主义意识形态中的主导地位，以发展着的马克思主义指导社会主义实践，推进马克思主义的中国化、大众化、时代化。另一方面，对各种各样的社会思潮采取尊重差异，包容多样的态度，在包容中谋共识，自觉抵制低俗、媚俗、庸俗文化，增强社会主义文化和价值体系的吸引力。再次，积极传承中华民族优秀传统文化，增强国家文化软实力。建设社会主义文化和核心价值体系，增强国家软实力，要求我们积极传承中华民族优秀传统文化，做到推陈出新、古为今用，使中国特色社会主义文化兼具鲜明的民族性和时代性，拥有鲜明的中国气派和风格，从而增强中国特色社会主义文化的感染力和辐射力，提升我国国家软实力。

（二） 文化和价值观与中国的独立有力发声

独立自主是我国对外交往的一项基本国策，是毛泽东哲学思想的重要内容和活的灵魂之一，我国实行对外开放，发展对外经济关系，就必须坚持独立自主、自力更生的和平外交政策。一个国家独立的最根本体现除了领土主权的独立性和内政外交的独立性外，还包括民族精神的独立性。每个国家都有权根据自己的实际情况独立、自主地处理本国对内对外的一切事物，所以一个国家只有具有独立的民族精神，才能从根本上阻止任何外来的干涉与侵犯，从而保证本国领土的完整，而传承民族文化和核心价值观是对民族精神独立最好的捍卫。

民族精神独立，就是指一个社会以独立的思维、价值与方法去认识问题、分析问题、评价问题和解决问题，而不受其他因素影响和左右。捍卫民族精神的独立，要求我们要深入开展中华优秀文化的教育和传承，引导干部和群众继承和弘扬中华民族的传统美德，防止成为西方道德价值的"应声虫"。对一个国家来说，民族精神独立是奠定经济政治社会独立的前提和基础，它保证了一个国家在经济、政治和社会真正意义上的独立。习近平总书记强调，中华文化代表着中华民族独特的精神标识，包含着中华民族最根本的精神基因，积淀着中华民族最深层的精神追求，指的就是中华文化对中国民族精神独立方面的贡献。所以，中华文化和价值观是民族精神独立的源泉和根本。中华文化绵延五千年，中华文化的独特性决定了中华民族精神的独立性，可以说，中华民族精神的独立性来自于我们独特的历史文化。坚守中华民族精神的独立性，最根本的就是要培育和弘扬社会主义核心价值体系和核心价值观，因为一个民族的精神气质、骨气和底气都是从国民的价值观念上表现出来的。树立中华民族精神的独立性，能从根本上维护中国主权的独立，提高中国的国际话语权，所以坚守中华民族精神的独立性，就必须让社会主义核心价值观内化为民风民俗民德，并入耳入脑入心。

独立自主也是社会主义核心价值观的重要内容，"以人为本，实事求是，独立自主"都是马克思主义同中国实际相结合的智慧结晶。"实现中华民族伟大复兴的中国梦，不仅物资上要强大，思想文化和价值观上也要自觉、自信、自强。价值观上的自觉、自信、自强，是中国梦的题中应有之义，也是中华民族自立自强的根本标志。"① 中国共产党人的独立思想是人民在党的领导下进行革命建设的理论探索和历史实践中逐渐形成和发展起来的，它来源于实践又指导着实践，接受实践的检验，也在实践中不断发展，并指导中国人民争取民族的独立，捍卫国家主权的完整，提升国家的国际话语权。所以，"独立自主，既是中华民族在世界民族之林中的独立自主，也是中国工人和中国共产党在世界社会主义运动、国际无产阶级和党际关系中的独立自主。"②

　　文化传统对于一个国家的影响与作用，就如同基因对于一个人的影响与作用一样，影响非常深远持久。在国际关系中，任何一个国家的对外政策都不可避免地受到本身在长期历史中形成的传统文化的影响。中国在五千多年的文明历史长河中，大部分时间都是处于世界领先地位，但是中国并没有像西方国家那样因为国家的强大而走上对外扩张、侵略和殖民的道路，这也与中国长期以来形成的和平文化传统有着密切联系。中华文化是一种和平的文化，中华民族历来就是热爱和平的民族，中国坚定不移地走和平发展的道路，是中国历史文化传统的必然选择。③ 中华民族独立自主的和平外交政策也正是在中国特色社会主义文化和价值观的指引下形成的，中华文化和价值观的自信

　　① 陈曙光：《价值观自信是保持民族精神独立性的重要支撑》，《求是》2016年第2期。

　　② 田心铭：《独立自主是社会主义核心价值观的重要内容》，《红旗文稿》2012年第4期。

　　③ 阮建平：《民族复兴　和平发展　和谐世界：中国特色社会主义和平外交战略》，武汉大学出版社2015年版，第1页。

也有力促进了中华民族的独立和有力发声。民族文化和价值观自信一方面促进民族国家对自身价值追求的准确把握和执着坚守，另一方面促使人们对社会主导价值的高度认同和自觉实践，实现民族的精神独立，从而从根本上促进民族的独立。

（三）不同文化和价值观交锋交融的意识形态路径

当今社会全球化促进了人类的普遍交往，使得不同文化和价值观之间，尤其是东西方文化之间大大增加了相互了解的机会，对于不同文化和价值观的交流，习近平总书记指出："不同国家、民族的思想文化各有千秋，只有姹紫嫣红之别，而无高低优劣之分。""每个国家、每个民族不分强弱、不分大小，其思想文化都应该得到承认和尊重。"对待不同的文化和价值观，各国和各民族都应该虚心学习，积极借鉴其他国家和民族思想文化的长处和精华，这也是增强本国本民族思想文化自尊、自信、自强的重要条件。

"在跨文化交际中，价值观是一个至关重要的问题，可以说是跨文化交际的中心。"[①] 现在在中国一提到美国和西方的文化，中国人就很容易表现出两种极端，一种是异常紧张，大声呼吁抵制，还有一种就是盲目跟从，认为"外国的月亮比中国圆"。如何对不同文化和价值观进行有效的沟通与交流，费孝通先生有句名言："各美其美，美人之美。美美与共，天下大同。"这

---

① 伍先禄：《对中西文化不同价值观的现实思考》，《湖南行政学院学报》2008 年第4 期。

也是我们常说的"求同存异"的方针。为解决不同文化和价值观之间的冲突，各国政府、国际社会付出了大量努力，在共同努力下，不同民族文化和价值观之间爆发冲突的可能性大大减弱，世界文化在冲突与融合中走向新的发展阶段。纵观人类文化发展的历史，世界上不同民族的文化和价值观的发展都经历了与其他文化和价值观的相互开放、碰撞、冲突，又相互交流、整合、吸纳的过程，这是各民族文化和价值观发展的一条重要规律，与经济全球化相适应的新文化也必然要经历这么一个过程或阶段。

"不管是中国还是西方，今天的文化都是在悠久的历史中不断传承和演化而形成的。"① 罗素早就指出："不同文化之间的交流过去已经多次证明是人类文明发展的里程碑。希腊学习埃及，罗马借鉴希腊，阿拉伯参照罗马帝国，中世纪的欧洲又摹仿阿拉伯。而文艺复兴时期的欧洲则仿效拜占庭帝国。"不同文化和价值观的交流与沟通在经济全球化之前是有限且缓慢的，经济全球化之后，信息社会和网络社会的发展为各民族文化的相互促进和互补提供了便利的物质条件基础，使得世界文化和价值观的交流和沟通变得更加频繁和直接。也正是在这种频繁和直接的文化交流与沟通中，人们的价值观念和生活方式在本民族文化的基础上，不知不觉发生着积淀与改变，于是外来文化和自身文化就开始逐渐发生融合，从而使自身文化在吸收外来文化精华的基础上得以改进和优化，最终推动全球文化在各民族

---

① 周鑫宇：《中国，如何自我表达》，人民出版社 2014 年版，第 173 页。

文化的认同中进入一个新的发展阶段。

由于当今世界信息技术的发展，不同文化之间的交流已变得越来越频繁和直接，这种交流也给不同文化的价值观带来了巨大的考验。不同文化的交流带来了截然不同的两种结果：一种是不同文化之间的碰撞或冲突，因为不同的文化价值观本身就具有冲突性，异族文化的人可能会对他族的文化采取不公平、不客观的态度，导致文化碰撞甚至文化冲突不可避免地发生；另一种是不同文化之间的良性互动，这是一种理想的状态，要达到这种效果，需要我们对中西方不同的文化价值观进行现实意义上的思考。

中西方文化和价值观存在着比较大的差异，面对文化差异性，首先，我们应当坚持"和而不同、求同存异"原则。世界文化因为差异性和多样性而变得丰富多彩，"和而不同"就是要承认差异是一种客观存在，并且具有一定的合理性。"美人之美，求同存异"是指在不同的文化沟通和交流中，要强调"同"的一面，有意淡化"异"的一面。其次，面对不同的文化差异时，我们也要反对"文化中心主义"的思维。文化中心主义是民族中心主义在文化上的体现，它是一种狭隘的观念，它认为自己的文化比别人的文化更具有优越性，并把自己的文化价值观强加于别人，其结果往往是造成文化冲突，不利于中西文化的良性互动。所以处理好文化差异，不仅要坚持"和而不同"的原则，也要坚决摈弃"文化中心"的思维。再次，面对文化差异时，我们应坚持中西方文化交流"双向性"原则。我国在改革开放30多年以来，由于外来文化的进入，我们吸取了很多西方文化的价值观，使得我们在价值观的认同上发生了很大的变化，但与此同时，我们的传统文化价值观并没有很好地被外界所理解。如何坚持文化交流的"双向性"，季羡林先生曾提出文化的"拿来主义"和"送出主义"相结合的策略。为包装中国文化有效的"送出去"，中国传统文化的对外传播要注意新的"包装"，对外交流要注重讲好中国故事。总之，在全球化日益发展的今天，随着各国文化之间的交流与沟通的频繁，我们要客观辩证地对待中西方不同的价值观，我们既要取人之长，重视引入西方先进的优秀文化，也要重视向西方"送去"优秀的中华文化，让西方人正确了解真实的中国和中国文化。①

三　中国道路国际话语权提升的现实可能性和必要性

"话语权"作为一种具有构建功能的社会实践，是一个国家软实力的重要组成部分，一直以来为各国所关注。一个国家的国际话语权是衡量该国在世界体系中所占国际地位的重要标志之一，谁拥有较高的话语权，谁就能通过议题设置，占据舆论的制高点，使之向对自己有利的方向倾斜，从而在国际竞争中占据有利的地位。② 改革开放以来，中国的综合国力在不断增强，国际地位得到了提升，中国特色社会主义发展道路也得到了国际上一定程度的认可，但在西方强势话语的长期围堵压制下，

---

① 伍先禄：《对中西文化不同价值观的现实思考》，《湖南行政学院学报》2008 年第4 期。

② 郭可：《国际传播学导论》，复旦大学出版社 2004 年版。

中国的国际话语权并没有得到相应提高。在国际交往中，"国际话语权"是国与国之间利益与实力的博弈，我国在世界经济中的作用和地位越来越重要，承担的责任也相应增大，提高中国道路国际话语权，顺应我国经济深度融入世界经济的趋势，一方面可以为我国的经济发展营造良好的国际环境，另一方面又可以为世界经济的稳定增长提供重要的保障。

习近平总书记强调，提高国家软实力，提升中国道路国际话语权，要努力传播当代中国价值观念，并要将当代中国价值观念贯穿于国际交流和国际传播的方方面面。贯彻落实习近平总书记的这一讲话精神，前提基础就是要树立当代中国文化价值观的自信，向世界宣扬中国优秀文化和传统精神，讲好中国故事，坚定不移地走好中国特色社会主义道路。

（一）文化和价值观自信与坚定不移走好中国道路

"文化自信，是一个国家、一个民族、一个政党对自身文化价值的充分肯定，对自身文化生命力的坚定信念。"[①] 近年来，文化自信作为一个新的话语，越来越引起学术界的关注。构建具有中国特色、中国风格和中国气派的文化自信话语体系，实现中国道路国际话语的中国创造，关键在于把握中国特色文化自信的话语权。[②] 成为文化强国，是中华民族真正实现伟大复兴

---

① 云杉：《文化自觉文化自信文化自强　对繁荣发展中国特色社会主义文化的思考》(中)，《红旗文稿》2010 年第 16 期。

② 刘林涛：《文化自信的概念、本质特征及其当代价值》，《思想教育研究》2016 年第 4 期。

的重要标志和内在条件，是中国特色社会主义建设的重要战略目标。树立文化自信，就是要以自信的态度、自信的行为、自信的精神，大力向世界宣扬中国精神，发出中国声音，讲好中国故事，着力发展文化产业和文化事业，提升中国道路国际话语权。一个国家和民族的文化之强，一方面表现在国际文化格局中的文化发展高度、创新程度、影响力度等方面，一方面也表现为其所具有的先进的文化精神、强大的文化自信。古往今来，每一个文化盛世的出现，无一不得益于并强化着相应的文化自信。[①]

文化自信有着多方面的构成与表现，其中价值观在文化构成系统中具有核心意义。任何一种文化体系的性质，都是由其内涵的价值观所决定与表征的。价值观的自信，是一个民族和国家面对各种文化滋养和文明创造从容吞吐、择善而纳的尺度与气度所在，也是一个民族和国家在推进文化进程中顽固进取、有所依循、知所趋止的韧力与定力所在。中华民族以海纳百川的气魄，在五千年文明的历史进程中融汇了众多民族的思想智慧，经过世代传承锤炼，生成了中华民族特有的价值准则、思维方式和信仰追求，汇集成博大精深的优秀文化传统。当代中国价值观也正是孕育于优秀的中华传统民族文化之中，继承了中华民族传统文化的优秀传统基因，具有厚重的历史优势。

习近平总书记讲过一段很深刻的话："我们从哪里来？我们走向何方？中国到了今天，我无时不刻提醒自己，要有这样一种历史感。""中国有坚定的道路自信、理论自信、制度自信，其

---

① 沈壮海：《文化自信之核是价值观自信》，《求是》2014 年第 9 期。

本质是建立在五千多年文明传承基础上的文化自信。""从历史和文化的角度来端详今天，是我们自信的一个重要依据。中国道路是一个大概念，全方位地体现中国特色社会主义的理论与实践，中华文化则是其中的一个领域，更多的属于精神层面。因此，讲道路不能不讲文化，讲文化则不能不指向道路。对中华文化的自觉和自信，根本上有助于增强和丰富对中国道路的自觉和自信。"① 树立当代中国文化价值观的自信，要坚持以马克思主义为指导思想不动摇，坚定不移地走好中国特色社会主义发展道路。中国道路是中华民族在独特的历史命运、独特的文化传统，独特的基本国情基础上，经过长期的探索与奋斗所作出的选择，所以，中国道路既是政治的选择，也是文化价值观的选择，既是中华民族的命运共同体，也是中华民族的文化价值观共同体。树立中国文化价值观的自信，强调讲好中国故事，目的就是讲好中国道路的故事。

（二）文化和价值观自信与中国道路的国际表达

当今世界经济的全球化、文化信息的多元化和政治格局的多极化促使全球性的文化交流、文化碰撞和文化融合也日益频繁，文化在综合国力竞争中的作用和地位变得更加明显和重要。文化价值观作为一个民族活的灵魂和重要血脉，积淀着这个民族最深层次的行为准则和精神追求，凝聚着其对生命和世

---

① 《阔步走在中华民族伟大复兴的历史征程上——记以习近平同志为总书记的党中央推进全方位外交的成功实践》，《人民日报》2016 年 1 月 5 日。

界的现实感受和历史认知，并承载着民族自我认同的价值取向。中国道路是中国人民在长期的探索与奋斗中所作出的选择，继承了中华民族的特点、历史命运和独特的文化传统，树立中华民族文化和价值观自信，"走好中国特色社会主义道路，要坚守中华文化立场、传承中华文化基因、展现中华审美风范，从中华民族的辉煌历史和国家发展的伟大成就中汲取精神力量和思想智慧，增强文化自信，不断激发广大干部群众继续沿着中国道路前进的信心和勇气。"① 实现中国道路的国际表达，讲好中国故事，不能没有文化价值观的自信，讲好中国故事，就是讲好中国道路的故事，力求实现国际话语中的中国表达。

首先，树立文化价值观自信，实现中国道路的国际表达，要着力向世界宣扬中国传统精神。中国精神内涵丰富，传扬中国传统精神，既要反映出中国文化的独特性，体现中国特色，又要符合国际话语规范，展现其世界内涵，形成具有中国风格、中国特色、中国气派的中国特色与国际标准的世界性文化创造。

其次，树立文化价值观自信，实现中国道路的国际表达，要着力向世界讲好中国道路故事。一是要清楚向世界"讲什么"，我们通过展现中国特色社会主义制度优越性、中国特色社会主义伟大实践带来的翻天覆地的新变化，实现中国道路的国际表达。讲好中国故事，既要敢于表达，又要善于表达。二是要清楚

---

① 关利平、王学真：《文化自信：走好中国道路的底气所在》，《光明日报》2016年12月29日。

向世界"怎么讲",还要清楚"向谁讲",在实现中国道路国际表达的过程中,要根据世界各国人民文化消费和传统文化的不同特点,利用传统媒体和新兴媒体融合发展的特点,开发不同风格的对外传播文化产品,提高实现中国道路国际表达的实效性和针对性。

再次,树立文化价值观自信,实现中国道路的国际表达,就要着力向世界发出中国声音,力求实现国际话语中的中国倡导、全球响应。发出中国声音,一是要提高中国议题设置的能力。中国作为世界上最大的发展中国家和世界第二大经济体,在议题设置时,要有全球思维,寻求中国民众与国外民众利益与需求相契合的共同点,增强中国与世界对话与接轨的力度,以便更好地构建中国国际话语权。二是要提高中国制定标准的能力,"谁控制了标准,谁就掌握了战略主动权。"在国际政治、经济、文化发展中,只有不断增强制定国际标准的能力和意识,总结制定国际标准的经验,积极参与制定国际标准的讨论,提高中国制定出的标准国际化,才能真正向世界发出中国声音,实现中国道路的国际表达,提升国际话语权。①

(三) 在国际上清晰完整阐述、客观正确表达中国道路的重要作用

一个国家走什么样的发展道路,决定着这个国家的根本命运

---

① 王永友、史君:《树立文化自信,提升中国国际话语权》,《重庆日报》2015 年 1 月 29 日。

和前途方向。习近平总书记指出："无论搞革命、搞建设、搞改革，道路问题都是最根本的问题。""只有走中国人民自己选择的道路，走适合中国国情的道路，最终才能走得通、走得好。"中国特色社会主义道路是中国共产党带领全体中国人民经过不懈努力和艰辛探索找到的一条国家富强、民族振兴、人民幸福的正确的道路，它不仅能指引中国进步与发展，而且对世界上其他国家的进步与发展有着重要的意义。所以，实现中国道路的国际表达，我们要在国际上对中国道路进行清晰完整、客观准确的表达。

在国际上，对中国道路进行清晰完整的阐述、客观准确的表达，有利于中国优秀传统文化价值观的传播与弘扬，帮助其他国家对中国文化与价值观全面而正确的了解，从而实现中国道路的国际表达。对中国道路进行清晰完整、客观正确的表达，我们要用马克思历史观辩证地对中国道路的世界意义进行评价，中国道路体现了人类历史发展的统一。中国道路的形成，是中国共产党带领中国人民努力探寻规律并按规律办事的结果，它既要接受历史客观规律的支配，也要符合历史规律的发展。现代世界随着各国、各地区现代化的发展，其历史进程出现统一性的发展，任何道路或模式的选择都只有在特定的现实和历史条件下才能获得成功，中国道路只是世界各国众多发展道路中的一条。中国道路的发展成就了现在的"中国崛起"，中国的国际影响力也越来越大，对中国道路清晰完整阐述、客观准确表达，我们既不照搬照抄其他任何发展道路或发展模式，同时也不谋求输出中国道路或模式，不要求其他国家复制中国经验。

　　具体来讲，中国特色社会主义道路的国际影响和世界意义主要表现有：第一，当今中国作为世界上最大的发展中国家，用短短30多年的时间，成功探索出了一条适合中国国情的发展道路，以不到世界10%的耕地解决了占世界近22%的人口的吃饭问题，极大地提高了广大人民群众的生活水平，为世界减除贫困作出了重大的贡献，为世界和平提供了稳定性和建设性的保障。第二，中国道路是一条和平发展的道路，它摈弃了传统大国崛起的发展模式，通过争取和平的国际环境来发展自己，又通过自己的发展来促进世界的和平，开创了人类和平发展的新纪元。第三，中国特色社会主义发展道路的成功为其他发展中国家的道路发展提供了有益的经验借鉴。当今世界，如何使广大第三世界的发展中国家摆脱贫困，是目前人类急需解决的一个问题。属于第三世界发展中国家的中国，以自己特殊的方式摆脱贫困、走上富裕，开创了一个在经济文化比较落后的农业大国实现现代化的新模式，这一伟大创举，为占世界3/4的人口落后国家的现代化建设提供了有益的经验借鉴。

第三章　文化、价值观自信与提升中国道路国际话语权的内核要义

　　文化价值观是一个民族和国家的根基和灵魂，正确的文化价值观有利于一个民族、一个国家文化事业的繁荣和发展。树立民族文化价值观自信，有利于促进国家建设伟大事业的发展，有利于增强一个国家的综合国力，从而提升该国的国际话语权。"中国特色社会主义文化发展道路是一条科学发展之路、强魄健体之路、以人为本之路、改革创新之路、文化强国之路、文化传承之路。"① 中国特色社会主义文化发展道路是一条体现文化建设发展规律，顺应时代发展要求的道路，是中国特色社会主义道路的重要组成部分，引领着中国文化的繁荣与发展。

　　党的十八大以来，习近平总书记在强调不断增进中国特色社会主义道路自信、理论自信、制度自信的同时，也多次论述了文化自信，并提出"增强文化自觉和文化自信，是坚信道路自定、理论自信、制度自信的题中应有之义"，"文化自信是更根本、

① 张传明：《中国特色社会主义文化发展道路研究》，山东大学，2014年。

更深层的力量"。① 一定意义上来说，文化、价值观的自信，是中国道路发展与中国道路国际话语权提升的更基础、更广泛、更深厚的自信。一方面，中国文化、价值观是中国特色社会主义道路的历史来源。中华民族文化源远流长、博大精深，中华民族的优秀传统文化、革命文化、社会主义先进文化等构成中国特色社会主义道路发声的文化基因，并在发展完善的同时不断提升中国道路的国际话语表达。另一方面，中国文化、价值观是中国特色社会主义道路重要的精神支撑。中国特色社会主义道路是广大中国人民在不断的革命探索与经验积累中逐渐凝练与形成的，在革命磨炼与时代铸造中形成的经典的社会主义核心价值观、优良的民族精神与时代精神、富有深刻哲理的人类命运共同体等构成中国特色社会主义道路发声的重要价值要义。再者，中国文化、价值观是中国特色社会主义道路的独特优势。不同文明类型有着各自的优长，不同时期的文化、价值观有着各自不同的特点，不同时期建立在不同国情和文明基础上的国家道路，有着各自存在的理由。中国特色社会主义道路是中国共产党带领广大人民群众根据中国不同发展阶段的情况进行实践的结果，是中国道路国际表达的基础。

一 中国道路发声的文化基因

马克思说："人们自己创造自己的历史，但是他们并不是随

---

① 习近平：《在文艺工作座谈会上的讲话》，人民出版社 2015 年版，第 25 页。

心所欲地创造，并不是在他们自己选定的条件下创造，而是在直接碰到的、既定的、从过去承继下来的条件下创造。一切已死的先辈们的传统，像梦魇一样纠缠着活人的头脑。"① 中华民族的优秀传统文化、革命文化、社会主义先进文化等都是广大中国人民在历史的实践中创造形成的，并作为中国人民普遍认同的价值标准和行为准则，已经融化到了每个中国人的血液之中，成为中国人民世代相传的文化基因。在历史发展进程中，这些优秀的中国文化顺应历史发展的潮流，不断以新的内容和形式融合于当代的理论与实践中，成为广大勤劳的中国人民继续进行社会主义伟大建设的重要精神力量，成为中国道路国际表达的重要的文化基因。

（一）中华优秀传统文化

文化是一个民族之魂，也是维护社会稳定的支柱，中华优秀传统文化，是中华民族历史上各种文化思想、精神观念形态的总体，是中华文明成果根本的创造力。中华传统文化起源于神农时代以前，又称为华夏文明、华夏文化，是中华民族的思想和精神，是社会各种意识形态的总体，是中华文化的软实力，是中国政治、经济、社会乃至教育的根本。党的十八大以后，在意识形态领域，中华优秀传统文化的底蕴越来越浓。习近平总书记指出："中华传统文化是我们最深厚的软实力。""中华民族具有5000多年连绵不断的文明历史，创造了博大精深的中国文化，

---

① 《马克思恩格斯选集》第1卷，人民出版社1995年版，第585页。

为人类文明的进步作出了不可磨灭的贡献。经过几千年的沧桑岁月，把我国56个民族、13亿多人紧紧凝聚在一起的，是我们共同经历的非凡奋斗，是我们共同创造的美好家园，是我们共同培育的民族精神，而贯穿其中的、最重要的是我们共同坚守的理想信念。"①

"中国是有着悠久文明的国家。在世界几大古代文明中，中华文明是没有中断、延续发展至今的文明，已经有5000多年历史了。我们的祖先在几千年前创造的文字至今仍在使用。2000多年前，中国就出现了诸子百家的盛况，老子、孔子、墨子等思想家上究天文、下穷地理，广泛探讨人与人、人与社会、人与自然关系的真谛，提出了博大精深的思想体系。他们提出的很多理念，如孝悌忠信、礼义廉耻、仁者爱人、与人为善、天人合一、道法自然、自强不息等，至今仍然深深影响着中国人的生活。中国人看待世界、看待社会、看待人生，有自己独特的价值体系。中国人独特而悠久的精神世界，让中国人具有很强的民族自信心，也培育了以爱国主义为核心的民族精神。"②

中国文化在世界上有两大话语权，传统文化的现代阐释和中国道路的学术表达。中华优秀传统文化作为中国道路发声的基因，对提升中国道路国际话语权起着重要作用。中国优秀的传统文化是科学社会主义的重要思想理论来源，是实现中华民

---

① 《习近平在十二届全国人大一次会议闭幕会上的讲话》，《人民日报》2013年3月18日。

② 习近平：《出席第三届核安全峰会并访问欧洲四国和联合国教科文组织总部、欧盟总部时的演讲》，人民出版社2014年版，第41页。

族伟大复兴的重要精神保障，是提升中国道路国际话语权的根本源泉。我们要提高中国的国际话语权，就要努力提高国家的文化软实力，不断夯实国家文化软实力的根基。中国走社会主义道路的历史必然与中华传统文化的逻辑必然性是一致的，在经济全球化时期，全球经济是一个巨型的系统，一个民族如果没有自己的文化根基，就不会拥有自己的经济主体，在经济全球化的系统中，就不能使自己保持与其他要素平衡对称的关系，更不会实现信息、物质、能量等方面的交流与共生。一个国家只有具备了以自己文化为根基的主体性，才能在全球经济重新洗牌中得天时、地利、人和之利，从而实现跳跃式可持续发展。

（二）革命文化

"中国'革命文化'（主要指观念形态的文化）是中国人民在长期的革命实践中，在不断地选择、融化、组合、整合中外优秀文化思想的基础上所形成的特定的文化精神和文化形态。它酝酿于近代，形成于'五四'以后，成熟和发展于新民主主义革命和社会主义革命时期，新民主主义文化是'革命文化'的主流。中国'革命文化'不但内容丰富，是中国文化宝库中一笔宝贵的精神财富，而且为中国先进文化发展提供了基本方向。"① 在中国，革命文化孕育和成长于革命的战斗

---

① 徐利兰：《中国"革命文化"的内容和特点》，《广东省社会主义学院学报》2003年第 3 期。

岁月中，我国近代历史上的革命是历史发展的主线，革命也是中国道路、中国理论、中国制度发展的深厚土壤，革命文化成为中国社会发展中不可或缺的优秀基因。

对于我们伟大的中国共产党来说，我党在领导广大人民群众进行革命、建设和改革的历史实践中，创造了奋发向上、独特鲜明的革命文化。从井冈山精神、长征精神、延安精神、西柏坡精神，到雷锋精神、大庆精神、两弹一星精神，再到航天精神、北京奥运精神、抗震救灾精神，这些富有民族特色、时代特征的宝贵精神财富，脱胎于中华民族优秀传统文化，同时又在新形势下不断进行着再深再造、凝聚升华，从而为我们在新的历史条件下推进文化建设奠定了坚实的基础。革命文化是我们党独有的文化自信，也是文化自信的底气所在，只有对自己的文化有坚定的信心，才能获得奋发进取的勇气，焕发创新创造的活力，提升中国道路国际表达的能力。

革命文化作为中国文化、价值观的基因，对树立中国文化、价值观的自信，坚定不移地走中国特色社会主义道路，促进中国道路国际发声、提高中国国际话语权有着重要的作用与意义。

首先，革命文化在树立中国文化、价值观自信与提升中国道路国际话语权的过程中发挥了不可替代的精神引导作用。革命文化成长于中华文明的危难之际，是中国革命实践的光辉产物，与中国革命的发展交相辉映，在最艰难的岁月，革命者牢牢把握最先进的革命理论，紧紧根植于人民群众，焕发中华文化的最大活力，对树立中国文化、价值观的自信与提升中国道路国际话语权起到了不可替代的精神引导作用。

其次，革命文化在树立中国文化、价值观自信与提升中国道路国际话语权的过程中是马克思主义理论本土化的成功代表。中国革命的艰辛探索与伟大胜利，无不昭示着中国革命的自我发展与自我创新，它是世界先进的革命理论与中国最具体的实际相结合的产物。革命文化的核心是大众文化，是中国社会自我选择的丰硕成果，它坚持为人民服务，崇尚底层文化、整体精神，坚持密切联系群众的新理念与新作风，展现了与传统文化截然不同的一面。

再次，革命文化在树立中国文化、价值观自信与提升中国道路国际话语权的过程中始终保持了自己旺盛的生命力。革命文化的特质在于在实践中创新发展。在不同的革命阶段，革命文化展现出了不同的特征。革命文化的成长过程是一个不断从革命实践中吸取经验和教训，又不断接受革命实践检验，不断丰富和创造自我的过程，它始终与革命实践保持着紧密的联系，在革命实践中为自己旺盛的生命力注入源源不断的活力，推动中国革命不断向前深入，最终取得胜利。①

总之，革命文化根植于中华传统文明之中，对树立中国文化、价值观自信，提升中国道路国际话语权具有承上启下的重要作用。革命文化继承了中华优秀传统文化的基因，是中华民族革命斗争史上的高度文化凝聚，并成为中国文化、价值观自

---

① 吴四伍：《革命文化何以铸就文化自信》，《人民日报》（海外版）2016 年 8 月 25 日。

信的优质基因。在社会主义现代化建设进程中，革命文化为共产主义事业的发展培养了一批又一批的革命先进人士，对中国社会主义现代化建设、实现中华民族伟大复兴作出了巨大的贡献。

（三）社会主义先进文化

"当代中国社会主义先进文化，是以马克思列宁主义为指导、以社会主义核心价值体系为引领、以社会主义民主和谐为基础、立足于社会主义伟大实践的中国特色社会主义文化。"①社会主义先进文化是以马克思先进理论为指导，以培养有理想、有道德、有纪律的"四有"公民为目的，最终形成面向现代化、面向世界、面向未来的，民族的、科学的、大众的社会主义文化。文化，它既是一种精神价值体系，又是一种社会生活发生，是人类社会历史发展过程中的积淀和产物，是一定社会的政治和经济在观念形态上的反映。先进文化顺应人类社会发展的历史规律，是人类社会进步的结晶，为人类社会的文明进步提供了强有力的精神动力、思想保证和智力支持，揭示着人类社会未来发展的方向。人是文化的创造者，也是文化的享有者、传承者。建设中国特色社会主义文化，归根到底是为了满足人民群众日益增长的精神文化需求，不断丰富人民的精神世界，增强人民的精神力量，促进人类的全面发展。江泽民同志指出，"在当代中国，发展先进文化，就是发展有中国特色社会主义的文

① 秦洁：《革命文化：中华民族最为独特的精神标识》，《红旗文稿》2016 年第 9 期。

化，就是建设社会主义精神文明。"

在坚持中国特色社会主义发展道路中，发展社会主义先进文化，首先必须要把当代社会主义核心价值体系融入精神文明建设、国民教育和党的建设的全过程。社会主义先进文化是全体中国人民辛勤劳动的智慧结晶，让人民共享文化发展的成果，有利于全国各族人民保持文化创造的活力，促进中华民族共有家园的建设，有利于树立中国文化、价值观的自信。同时，先进文化极大地激励着人民团结一致，克服困难，争取各项事业取得更大的胜利，为中国经济发展和社会全面进步提供精神动力。其次，发展社会主义先进文化，就要坚持发展面向现代化、面向世界、面向未来的、民族的、科学的、大众的社会主义文化。"中国社会主义先进文化是以马克思主义为指导进行的文化创新，它在新民主主义文化基础上建立，植根于中华优秀传统文化，立足于中国实际，吸收国外文化有益成果，通过不断的改革创新，形成了具有自己民族特性的先进文化，这本身就是文化自信的表现。社会主义先进文化的建立与发展符合先进生产力发展的要求，代表着历史发展的方向，在改革创新的实践中实现了社会主义先进文化的民族性、科学性、大众性和开放性、包容性的有机统一，有力推动着社会生产力的发展。这是社会主义先进文化的优越性所在，也是文化自信的源泉和动力。"①

---

① 郑清坡：《社会主义先进文化让我们自信》，《人民日报》（海外版）2016 年 9 月 1 日。

社会主义先进文化作为中国文化、价值观的优秀文化基因，对树立中国文化、价值观自信，促进中国特色社会主义道路的发展，提升中国道路国家话语权具有重要的作用与意义。文化是一个国家和一个民族的软实力，是不断向前发展的不竭动力，一个国家有什么样的民族文化，就有什么样的文化底蕴，就象征着这个国家在未来世界上的地位。发展社会主义文化是我们必须坚持发展社会主义和谐社会应有的题中之义，特别是中国作为当今社会主义发展大国，在我们的国际话语权、社会意识形态等还受到西方资本主义国家种种限制的背景下，我们要取得自己的话语权，就必须大力发展社会主义的先进文化，树立中国文化、价值观自信，确立大局意识，从深层次上发展社会主义先进文化，提升中国道路国际话语权。

二 中国道路发声的价值要义

中国自1978年实行改革开放政策以来，经济社会发展快速，尤其是进入20世纪90年代后，随着中国改革开放政策的深入推进，中国经济的发展速度令全世界瞩目，综合国力也得到了大幅提升，中国以大国形象走上了世界舞台。虽然随着"中国（和平）崛起"，中国的"声音"开始越来越被世界所关注和重视，但是中国的话语权仍处于以美国为首的西方国家主导的体系中。"在全面建成小康社会的决战阶段，能否很好地维护自身的国家利益，能否在国际社会中树立良好的形象，能否赢得相对稳定的国际环境，需要我们加强对国际话语权的研究。"①

在世界经济全球化和国际政治多极化深入发展的今天，树立中国文化、价值观自信，对增强我国的综合国力，提升中国道路国际话语权，对外传播中国声音，讲好中国故事具有重要的意义。提升中国国际话语权，实现中国道路发声，一方面需要坚定不移地坚持中国共产党的领导，在马克思主义先进理论的指导下坚定不移地发展中国特色社会主义道路；另一方面必须注重提高国家文化软实力建设，贯彻落实社会主义核心价值观的执行，加强民族精神与时代精神建设，倡导人类命运共同体意识。只有深入贯彻落实社会主义核心价值观，不断加强中华民族精神与时代精神的建设，坚持倡导人类命运共同体的意识，才能从根本上增强我们国家文化软实力，从而提升中国道路国际话语权，真正发出中国自己的声音。

（一）社会主义核心价值观

社会主义核心价值观是社会主义核心价值体系的内核与高度凝练和表达，它反映了社会主义核心价值体系的实践要求与丰富内涵，是社会主义核心价值体系的基本特征和根本性质。党的十八大提出的"富强、民主、文明、和谐、自由、平等、公正、法治、爱国、敬业、诚信、友善"是社会主义核心价值观的基本内容，并倡导全党全国人民积极培育和践行社会主义核

---

① 李伟、曾令勋：《关于提升中国国际话语权的思考》，《经济研究导刊》2013 年第12 期。

心价值观。其中"富强、民主、文明、和谐"在社会主义核心价值观中居于最高层次，是对社会主义核心价值观基本理念在价值目标层面的凝练，是我国社会主义现代化国家建设的目标，对其他层次的价值理念具有统领的作用。"自由、平等、公正、法治"则是对美好社会的生动描述，是对社会主义核心价值观基本理念从社会层面的凝练，是我们党长期实践、矢志不渝的核心价值理念，它反映了中国特色社会主义的基本属性。"爱国、敬业、诚信、友善"是对公民基本道德的规范，是对社会主义核心价值观基本理念从个人层面的凝练，它是公民必须恪守的基本道德准则，也是评价公民道德行为选择的基本价值标准，覆盖了社会道德生活的各个领域。"真正理解社会主义核心价值观的内涵，深刻把握积极培育和践行社会主义核心价值观的重要性，对于推进社会主义核心价值体系建设，用社会主义核心价值体系引领社会思潮、凝聚社会共识，具有重要的理论意义和实践意义。"①

在坚持和发展中国特色社会主义伟大事业、全面建成小康社会、树立中国文化与价值观自信的实践中，积极培育和践行社会主义核心价值观具有重要的现实意义和深远的历史意义。首先，积极培育和践行社会主义核心价值观，是对马克思主义价值观的丰富和发展，是推进社会主义核心价值体系建设的基础工程。马克思主义既是科学的人生观、价值观和道德观，又是科

---

① 吴潜涛：《深刻理解社会主义核心价值观的内涵和意义》，《人民日报》2013 年 5 月 22 日。

学的世界观和方法论，社会主义核心价值观开拓了中国共产党人对社会主义核心价值理论认识的新境界，为社会主义核心价值体系奠定了价值观基础。其次，积极培育和践行社会主义核心价值观，是维护我国意识形态安全的迫切需要，社会主义核心价值观为我们提供了强大的理论武器，使我们能有效地应对西方错误价值观的冲击。当今我国正处于社会主义改革发展的关键阶段，价值观念多样多元多变，社会矛盾多发，西方敌对势力乘机加紧对我国实施价值观渗透战略。面对西方价值观的渗透与反渗透，我们必须坚守好价值观领域这块阵地，确保意识形态安全，而社会主义核心价值观恰好为我们更加有效地应对西方价值观冲击提供了强大的思想武器。再次，积极培育和践行社会主义核心价值观，是坚持和发展中国特色社会主义、全面建成小康社会的内在要求和动力。当前，我国已进入全面建成小康社会的决胜阶段，社会主义核心价值观的提出，对进一步促进国家主流价值观的形成、凝聚全国人民的思想共识产生了巨大的作用。①

在当今世界各种文化和价值观日益频繁地交流交融交锋的背景下，谁拥有强大的文化软实力，谁占据了文化发展的制高点，谁的核心价值观念赢得更多的认可与支持，谁就能在国际舞台上拥有更加稳固的国际话语权，在国际竞争中赢得主动权。② 所以，我们要提升中国道路国际话语权、实现中

---

① 韩振峰：《社会主义核心价值观的基本内涵与重大意义》，《思想政治工作研究》2012 年第 12 期。

② 毛跃：《社会主义核心价值观的国际话语权》，《浙江社会科学》2013 年第 7 期。

国道路的发声，就必须要积极培育和践行社会主义核心价值观，加强社会主义核心价值观的话语权构建。一方面要意识到社会主义核心价值观的构建有利于增强我国对内凝聚力和对外影响力，帮助我们有效应对国内外各种思潮和错误价值观的冲击。另一方面，我们要努力增强提升社会主义核心价值观话语权的能力，加强社会主义核心价值观话语权建设，促进社会主义核心价值观话语权的表达，实现社会主义核心价值观话语权的传播。

（二）民族精神与时代精神

民族精神是一个民族赖以生存和发展的精神支撑，它是民族意识、民族文化、民族性格、民族习俗、民族宗教、民族信仰等意识形态在长期的历史进程和沉淀中的反映。民族精神是一个民族生命力、凝聚力和创造力的集中体现，是一个民族赖以生存、共同生活、共同发展的核心和灵魂。我们中华民族在五千多年漫长的社会历史发展过程中，形成了以爱国主义为核心，团结统一、爱好和平、勤劳勇敢、自强不息等为集中体现的伟大的民族精神，它是中华各民族人民社会生活的反映，是中华文化最本质、最集中的体现，是各民族生活方式、理想信仰、价值观念的文化浓缩，是中华民族赖以生存和发展的精神纽带、支柱和动力，是创新社会主义先进文化的民族灵魂。时代精神是一个民族在每一个时代特有的普遍精神实质，代表着时代发展的方向，标志着一个时代的精神文明，对社会的生产发展产生着积极影响。在我国，民族精神和时代精神相结合共同组成了"中国精神"，以爱国主义为核心的民族精神和以改革创新为核心的时代精神是社会主义核心价值体系的精髓。民族精神是社会主义价值体系建设的重要内容，民族精神具有强大的感召力和推动力，可以激发全体人民的斗志和责任心，是中华民族生生不息、薪火相传的精神血脉，是鼓舞各族人民奋发进取、维护国家统一的精神支撑。与时俱进、开拓进取、求真务实、奋勇争先的时代精神，是推动时代进步和发展的强大精神动力，是在当代中国人民的伟大奋斗中不断创造新的辉煌的力量源泉。

习近平总书记在第十二届全国人民代表大会上提出实现中国梦必须弘扬中国精神，就必须弘扬以爱国主义为核心的民族精神和以改革创新为核心的时代精神。民族精神和时代精神是社会主义核心价值体系的精髓，一个民族的伟大精神诞生于这个民族伟大的事业中，并且对伟大事业的发展提供源源不断的精神动力。在我国的社会主义现代化建设中、在实现中华民族伟大复兴的关键时刻，我们更需要大力弘扬民族精神和时代精神。大力弘扬民族精神和时代精神，是我国和谐文化建设的主旋律，有利于我们树立文化、价值观自信，有利于促进我国社会主义核心价值体系构建，有利于全面建设小康社会，增强我国综合国力，提升中国道路国际话语权。首先，民族精神和时代精神具有强大的社会整合力和社会凝聚力，它为社会和谐、国家稳定提供了精神基础。其次，在一定条件下，民族精神和时代精神可以转化为强大的物质力量，帮助战胜社会主义发展道路中的艰难险阻。再次，民族精神和时代精神是实现新的历史任务的客观要求。中华民族历史文明源远流长，中华民族在漫长的发展进程中，只有根据社会和时代的发展要求，不断丰富和发展民族精神和时代精神，才能在优秀的传统文化基础之上继往开来，取得更大的历史突破与胜利。

在当今世界，民族精神和时代精神在综合国力竞争中所占地位日益突出，综合国力的竞争是全方位的竞争，虽然以经济实力、技术实力等物质力量为基础，但也离不开民族精神、民族凝聚力的作用。所以归根到底，综合国力竞争中起决定作用的还是人的竞争，即人的素质、民族素质的竞争，精神力量也是综合国力的重要组成部分。因此，要树立中国文化、价值观自信，提升中国道路国际话语权，就必须加强以爱国主义为核心的民族精神和以改革创新为核心的时代精神的建设。在加强民族精神和时代精神建设过程中我们要做到：第一，必须要有世界眼光，把握历史方位，既要传承历史文化的精华，又要符合时代进步的要求。第二，必须要有全局发展意识，把民族精神和时代精神建设纳入国民教育和精神文明建设的全过程。第三，必须要把民族精神和时代精神建设落实到全面建设小康社会的行动中，为中国精神文明建设营造良好的环境、提供强有力的保障。

（三）人类命运共同体

人类命运共同体是指一个国家在追求本国利益时合理兼顾他国的利益，并在谋求本国发展的同时促进各国的共同发展。当今世界发展，全球各国之间"相互依赖"，全球问题治理要求大家"权责共担"。人类命运共同体这一价值观，也正是全球各国相互依存的国际权力观、共同利益观、可持续发展观和全球治理观。人类只有一个地球，各国同处于一个世界，面对全球性问题和复杂的世界经济形势，任何国家都不可能独善其身，都必须有"人类命运共同体"的意识，并要以"命运共同体"的新视角，寻求人类共同价值和共同利益的新内涵。面对经济社会的全球化，我国的发展也迫切需要营造良好的国内外环境，以促进我国经济社会发展，加快我国综合国力建设，改善中国国际形象，提升中国道路的国际话语权。

新中国成立以来，我国政府长期坚持独立自主的和平外交政策，改革开放以后，随着我国综合国力和国际地位的提升，我国政府在国际社会上"发出自己的声音"的愿望非常迫切，能力也越来越强。中国政府在面对国内外发展中的问题与困境时，多次提出解决办法。在 2011 年《中国的和平发展白皮书》中提出"你中有我，我中有你"的命运共同体，这是中国首次运用"命运共同体"的方法处理国际社会国家之间的关系。近年来，随着中国经济实力的不断增强，中国作为最大的社会主义发展中国家和世界第二大经济体，以大国形象屹立于世界之林的中国需要承担的责任越来越大。在党的十八大上，习近平总书记提出"倡导人类命运共同体的意识"，并多次在外交场合强调"人类命运共同体"，展现了中国负责任的大国形象，表达了中国追求和平发展的愿望，在重大国际事务面前，积极发挥建设性的引领作用，在世界舞台上空，回荡着铿锵有力的大国之声。

对中国的发展而言，"人类命运共同体"的提出并不是偶然的，它有着重要的思想渊源，是中华民族优秀传统文化价值精神的集中体现，对树立我国文化、价值观自信、增强我国综合国力、塑造良好的国际形象、提升中国道路国际话语权有着深远的意义和价值。中国发展首先要走自己的道路，但是中国的发展毕竟是整个世界的一部分，因此，我们要坚持习近平总书记提出的"树立世界眼光，更好地把国内发展与对外开放统一起来，把中国发展与世界发展联系起来，把中国人民利益同各国人民共同利益结合起来"，树立一种新的"命运共同体"的国际观意识，在追求本国发展中兼顾他国和全球的发展，为本国发展创造良好的国内外环境。中国经济发展已进入了一种新常态，中国的发展与强大将继续给世界各国提供更多的市场与机遇。"一花独放不是春，万紫千红春满园"，是中国发展的理念，习近平总书记为实现人类命运共同体指明了"四个坚持"的现实路径：必须坚持各国相互尊重、平等相待，必须坚持合作共赢、共同发展，必须坚持实现共同、综合、合作、可持续的安全，必须坚持不同文明兼容并蓄、交流互鉴。"四个坚持"不仅体现了中国"为万世开太平"的宏大远景，更体现了中国作为大国的风范与担当，同时也使中华民族伟大复兴的"中国梦"提升为一种惠及周边和整个世界的举措，为"中国梦"的实现营造一个友好的地区与国际环境。

"由于'命运共同体'思想着眼的是人类的整体利益，并包含着新的理念和准则，因而，推行'命运共同体'思想，不仅有助于克服和解决当今日趋严重的全球性问题，有助于推动世界各国的共同繁荣和进步，更重要的是，倡导并积极建构命运共同体，能把中国置于一种和平安稳的国际环境之中，从而为中国的科学发展和中国的崛起提供极其有利的外部条件。"① 继党的十八大提出"两个一百年"的奋斗目标以后，我们又提出了实现中华民族伟大复兴的"中国梦"的伟大目标，要实现我们的伟大目标，就必须要有良好的国内外发展环境。把当今世界看成一种共同体，并积极倡导和建设这种理念，能为我国的发展创造一个和平、安全、稳定的国际环境。

三　中国道路发声的实践基础

改革开放以来，我国的综合国力得到了极大提升，社会的快速发展，日益引起国际社会对中国道路的关注与重视。中国道路是一条关乎民族命运、国家前途、人民幸福，关乎世界社会主义兴衰的道路，是中国共产党带领中国人民经过长期不懈努力和艰辛探索走上的道路。随着"中国特色社会主义伟大事业"和"党的建设新的伟大工程"的实践和实施，中国共产党站在新的时代高度，协调推出"四个全面"的战略布局。"四个全面"是从党和国家事业发展全局出发，是对中国道路、中国理论、中国制度的科学总结，是中国特色社会主义道路得以实践

---

① 邱耕田：《"命运共同体"：一种新的国际观》，《学习时报》2015 年 6 月 8 日。

发展的基础。"四个全面"的协调推出，进一步对中国道路的内涵进行了诠释，彰显了中国道路的特色，揭示了中国道路的实质，为我们拓展中国道路提供了科学引领。

"四个全面"是中国道路发声的实践基础，引领着我国现代化程度和水平进一步提升，引领着我国经济社会的协调发展，引领着我们创造未来美好的生活。全面建成小康社会是我国发展的重要目标，是实现社会主义现代化的重要里程碑；全面深化改革是强大动力，是实现国家治理现代化的目的和旨归，决定着中国当代命运的决战；全面依法治国是基本方略，是实现国家治理现代化的基础支撑，为我国社会主义现代化建设提供法治保障；全面从严治党是实现社会主义现代化的重要保障，只有实现全面从严治党，才能保证中国特色社会主义道路发展的正确方向。

（一）全面建成小康社会

历史上，实现小康社会一直是中国人民孜孜以求的美好梦想，全面建成小康社会，是我们党确定的第一个百年目标，是实现社会主义现代化重要的里程碑。全面建成小康社会是全面深化改革、全面依法治国、全面从严治党的奋斗目标，无论是全面深化改革、全面依法治国还是全面从严治党，其目的都是为了全面建成小康社会，实现国家富强民主文明的社会主义现代化。全面建成小康社会是实现中国发声的实践基础，是对习近平总书记提出的实现中华民族伟大复兴中国梦这一重大命题的响应，同时也是实现中华民族伟大复兴中国梦的关键一步。建成小康社会，我国经济将飞速发展、社会文明程度将不断提高、民族更加和谐、人民生活更加稳定、资源环境更加优化，中国将更加繁荣、富强、民主、文明。

习近平总书记指出："党的十八大描绘了全面建成小康社会、加快推进社会主义现代化的宏伟蓝图，发出了向实现'两个一百年'奋斗目标进军的时代号召。根据党的十八大精神，我们明确提出要实现中华民族伟大复兴的中国梦。""中国梦的本质是国家富强、民族振兴、人民幸福。我们的奋斗目标是，到2020年国内生产总值和城乡居民人均收入在2010年基础上翻一番，全面建成小康社会。到本世纪中叶，建成富强民族文明和谐的社会主义现代化国家，实现中华民族伟大复兴的中国梦。"全面建成小康社会，一直以来是中国人民梦寐以求的目标，也是实现社会主义现代化的首要阶段性目标，全面建成小康社会，直接决定着中国现代化的建设进程，也直接决定着中国道路国际话语权的表达。党的十八届五中全会上通过的《中共中央关于制定国民经济和社会发展第十三个五年规划的建议》表明，"十三五"时期是全面建设小康社会的关键时期，当前中国的发展已进入全面建成小康社会的决胜阶段。全面建成小康社会，我们必须毫不动摇地坚持中国共产党的领导，以经济建设为中心，不断解放和发展生产力，坚持四项基本原则，坚持可持续发展和科教兴国的方针战略，建设社会主义精神文明，促进中国特色社会主义的大力发展。

全面建成小康社会的奋斗目标，是减少贫富差距，减轻社会负担，为人民生活创造一个和谐安定的社会生活环境，提高人民物质生活质量，使全国人民的生活质量再上一个新台阶，实现全国人民的共同小康，共同富裕。全面建成小康社会，是中华民族伟大复兴的关键阶段，为我国现代化建设提供了新的起点，为中华民族的发展提供了新的历史机遇，有助于我国的综合国力大大增强，有助于树立中国文化、价值观自信，有助于鼓舞人民的斗志，增强民族凝聚力，有助于提升中国道路国际话语权。

（二）全面深化改革

全面深化改革是实现改革开放的强大动力，是实现中国梦的根本途径。全面深化改革，就是以经济体制改革为重点，以处理好政府和市场关系为核心，全面推进经济体制改革、政治体制改革、文化体制改革、社会体制改革、生态文明体制改革、国防和军队改革、党的制度建设改革，完善和发展中国特色社会主义制度。完善和发展中国特色社会主义制度，推进国家治理体系和治理能力现代化是全面深化改革的总目标。习近平总书记指出："实现党的十八大描绘的全面建成小康社会、加快推进社会主义现代化、实现中华民族伟大复兴的宏伟蓝图，要求全面深化改革。坚持和发展中国特色社会主义，不断推进中国特色社会主义制度自我完善和发展，进一步解放和发展生产力、继续充分释放全社会创造活力，要求全面深化改革。解决我国面临的一系列突出矛盾问题，实现经济社会持续健康发展，不断改善人民生活，要求全面深化改革。"改革开放30多年来，我国经济快速发展成功地证明：全面深化改革是党和人民事业大踏步前进、赶上时代发展的重要法宝，是当代中国发展进步的活力之源，是发展中国特色社会主义的必经之路。

改革开放是决定当代中国命运的关键抉择，是当代中国最鲜明的特色，是党和人民事业大踏步赶上时代的重要法宝，也是我国道路发声的实践基础之一。党的十八届三中全会通过的《中共中央关于全面深化改革若干重大问题的决定》强调："面对新形势新任务，全面建成小康社会，进而建成富强民主文明和谐的社会主义现代化国家、实现中华民族伟大复兴的中国梦，必须在新的历史起点上全面深化改革，不断增强中国特色社会主义道路自信、理论自信、制度自信。"这些重要论述深刻揭示了全面深化改革是我国发展的动力和源泉，对我国特色社会主义道路发展，实现社会主义现代化建设，促进中国道路发声具有重大意义。首先，全面深化改革是大势所趋、人心所向。回顾我国30多年改革开放以来的历程，我们深深体会到，改革开放是我们党最鲜明的时代旗帜，是当代中国最鲜明的时代特色，是中国人民最为自信和自豪的伟大创举，没有改革开放就没有我们今天的发展。其次，全面深化改革是实现全面建成小康社会、实现中国社会主义现代化建设的强大动力，在新的历史条件下，只有全面深化改革，进一步解放和发展生产力，才能使我国的经济社会发展在原有基础上实现新的全面提升。再次，全面深化改革，能够使我们继续保持经济社会持续健康的发展势头，为坚持和发展中国特色社会主义，实现中华民族伟大复兴的中国梦源源不断地提供强大动力和旺盛活力。

在全球历史发展的今天，对中国特色社会主义道路的选择和发展来说，改革开放是一场深刻的革命，全面深化改革正指引着中国道路的发展方向，标注了中国道路的新高度，让中国道路越走越宽。方向决定道路，道路决定命运。党的十八届三中全会上确定的全面深化改革的总目标是：完善和发展中国特色社会主义制度，推进国家治理体系和治理能力现代化建设。这一目标为全面深化改革的发展指明了方向，有利于中国特色社会主义道路的发展，促进我国社会主义道路自信、理论自信、制度自信，提升中国道路的国际话语权。

（三）全面依法治国

全面依法治国，就是要在中国共产党的领导下，建设中国特色社会主义法治体系，建设社会主义法治国家，用法治手段来巩固改革成果，促进国家治理能力和治理体系现代化。党的十八届四中全会将全面依法治国作为主题，把中华民族带入了一个法治的新时代。2013 年 2 月，在中央政治局第四次集体学习时，习近平总书记强调："全面推进科学立法、庄严执法、公正司法、全民守法，坚持依法治国、依法执政、依法行政共同推进，坚持法治国家、法治政府、法治社会一体建设，不断开创依法治国新局面。"这是"全面依法治国"的雏形。现在习近平总书记又将全面依法治国论述为全面深化改革的"姐妹篇"，全面依法治国和全面深化改革在全面实现小康社会的进程中如同"鸟之两翼"、"车之双轮"，缺一不可，共同推进社会前进，促进全面小康社会的实现。

　　依法治国是坚持和发展中国特色社会主义的重要保障和本质要求，是实现国家治理体系和治理能力现代化的必然要求，是实现中华民族伟大复兴中国梦的重要支撑。习近平总书记在党的十八届四中全会上明确指出："我们要实现党的十八大和十八届三中全会作出的一系列战略部署，全面建成小康社会、实现中华民族伟大复兴的中国梦，全面深化改革、完善和发展中国特色社会主义制度，就必须在全面推进依法治国上作出总体部署、采取切实措施、迈出坚实步伐。"从现实意义上来看，全面依法治国是促进全面实现小康社会、全面深化改革和全面从严治党的法治保障，"完备的法律规范体系、高效的法治实施体系、严密的法治监督体系、有力的法治保障体系，是国家治理现代化的基础支撑。现代国家必须是法治国家，科学立法、严格执法、公正司法、全民守法是现代国家的重要标志，全民依法治国是实现现代化不可或缺的方略。"① 从深远历史意义来看，全面依法治国是一件为长远谋发展、为子孙万代计的大事，它着眼于解决法治与人治的关系问题，以实现党和国家的长治久安。

　　简而言之，依法治国就是依照法律来治理国家，是加强和改善党的领导的重要措施，是发展社会主义市场经济的客观要求，是社会主义文明进步的重要标志，是国家长治久安的重要保障，为全面建成小康社会、全面深化改革和全面从严治党提供了重

---

　　① 陈金龙：《"四个全面"：拓展中国道路的科学引领》，《人民日报》2015 年 5 月 18 日。

要的法治保障，是我们党坚持总结历史经验，顺应人民愿望和时代要求作出的重大战略决策。全面依法治国有利于中国特色社会主义的发展，有利于我国综合国力的增强，有利于树立中国文化、价值观自信，有利于提升中国道路国际话语权，是中国道路发声的实践基础之一。

（四）全面从严治党

中国共产党历来非常注重党的建设与治理，治国必先治党，治党务必从严。党的十八大以来，以习近平总书记为核心的党中央将全面从严治党确定为党的建设的鲜明主题，在从严治党上继续探索、不断前行。党的十八届六中全会上，习近平总书记深刻指出："全面从严治党是党的十八大以来党中央抓党的建设的鲜明主题。办好中国的事情，关键在党，关键在党要管党、从严治党。全面从严治党永远在路上。"中国共产党作为中国工人阶级、中国人民和中华民族的先锋队，在社会转型和全面深化改革的关键时期，面临着严峻的"四大考验"和"四大危险"，要永远保持其先进性和纯洁性，就必须在"严"字上下功夫，实行全面从严治党，严密构建铁的纪律与规矩。中国共产党作为执政党，担负着带领全国人民全面建成小康社会、推进社会主义现代化建设、实现中华民族伟大复兴中国梦的重大历史任务，我们只有坚持从严治党，才能稳固党的执政根基、维护党的集中统一，才能更好地实现经济社会发展、民族团结进步、国家长治久安。

办好中国的事情，关键在党，关键在党要管党、从严治党。

将全面从严治党落实到实处，把党管好治好，对中国特色社会主义现代化建设提供政党力量的保证，中华民族伟大复兴中国梦的实现以及中国道路话语权的提升都具有重要意义。首先，全面从严治党是实现社会主义现代化建设的根本保障，坚持中国共产党的领导是我国社会主义现代化建设的重点，只有坚持全面从严治党，塑造党的良好形象，提高党的执政能力和执政水平，才能为我国社会主义现代化建设提供根本保障。其次，全面从严治党是实现中华民族伟大复兴中国梦的关键，能否从严治党，关系到能否使全面依法治国落到实处，关系到是否实现全面深化改革的总目标，关系到能否如期全面建成小康社会。再次，全面从严治党有利于中国道路话语权的提升，只有全面加强党的领导并不断加强党的自身建设，才能确保改革开放事业的正确方向，才能从根本上增强我国的综合国力，最终实现中国道路国际话语权的表达。

全面从严治党是中国道路发声的实践基础之一，在经济全球化日益发展的今天，各国之间的文化、价值观交往更加频繁，同时，随着改革开放的发展，我国物质经济不断充实与丰富，当今中国的发展不可避免地遭受西方文化和价值观的冲击，中国共产党面临前所未有的物质与价值观的挑战与考验。现在我国正处于全面建成小康社会的关键时期，只有将全面从严治党落到实处，我们才能在中国共产党的带领下成功应对重大挑战、克服重大阻力、抵御重大风险、解决重大矛盾，不断战胜困难走向新的胜利。因此，全面从严治党，不仅对全面建成小康社会、全面深化改革、全面依法治国起着组织保证、政治保证的作用，而且也是实现中华民族伟大复兴中国梦的关键所在，更是我们树立中国文化和价值观自信、提升中国道路国际话语权、实现中国道路发声的动力之源。

第四章　中国道路国际话语权的困境解析

　　国际话语权是一个国家在整个国际社会中的地位和影响力，是对于国际舆论的影响和控制力以及对于意识形态主导权的控制和维系能力。[①] 国际话语权主要表现为一个主权国家关于自身权益的观点和立场在国际公共场合和大众平台上的表达，是一个主权国家在国际社会中维护自身权益的体现。当前，随着中国经济的飞速发展，我国的综合国力不断增强，国际影响力日益提高，历史悠久的中国正在以大国形象在国际舞台中呈现日益崛起的态势。"大国或世界大国，是指在国际体系中居于举足轻重的地位，对所处的文明体系乃至全球有巨大的影响力，综合国力在区域内或全球居于主体地位，在全球范围内具有广泛国家利益的国家。"[②]

　　从目前国际形势看，虽然中国已经成为世界第二大经济体，

---

　　①　杨朝钊、梁一戈：《试论我国国际话语权的构建》，《新闻世界》2013 年第 12 期。
　　②　封永平：《大国崛起困境的超越：认同构建与变迁》，中国社会科学出版社 2009 年版。

随着综合国力的增强，我国的国际影响力得到了显著提升，但是在西方话语霸权的大背景下，我国的国际话语权并没有得到相应的提升，我国的国家形象并没有真正地展现在国际舞台上，我国的国际话语权不断遭受到西方舆论的冲击。中国道路的国际表达在宏观层面上表现为国际话语权局面的凝固、在中观层面上不断面对"话语陷阱"的挑战、在微观层面上出现话语结构的缺陷等问题，使中国的国际话语权在复杂的国际环境中面临着严峻的挑战。面对这一形势，我们也要客观冷静地分析认识中国在国际上所拥有的话语权的实际情况，如何增进国际社会的理解和认同，如何营造有利的国际舆论环境，对中国未来的和平发展至关重要，这是有针对性地加强话语权建设，提升中国国际话语权的基本前提。

一　宏观层面上国际话语格局的凝固

新中国成立以来，特别是中国实行改革开放政策以来，中国的硬实力得到了空前的提升，使得中国的国际话语权总体上也得到了空前提升。我们可以自豪地说：中国声音已成为世界上谁也不能忽视的大国之音。但面对国际舆论环境，中国的国际发展面临着诸多不稳定因素，冷战后美国独霸世界的传统格局因为中国的崛起受到巨大的打击，导致西方长期以来对中国的发展采取遏制的策略，而且因为中西方制度的差异，对于中国特色社会主义的发展，西方一直疑虑重重。

当今世界经济、政治格局发生了深刻的变化，但中国在国际社会中所处的发展战略机遇期的基本格局并没有改变，这使得中国国际话语权的发展格局被凝固。一方面，冷战以后，美国成为西方霸权大国，掌握着国际话语权的霸权地位，面对近年来中国的崛起，美国一直对中国的发展实行遏制围堵，国际话语权西强东弱的基本格局没有改变。另一方面，不可否认的是，中西方发展力量在根本上还存在着明显的差距，加上国际主流媒体和主流舆论对中国进行肆意的围堵甚至妖魔化，使得中国声音"走出去"的情况不容乐观，中国道路的国家话语权有限。

（一）西强东弱的基本格局

随着冷战的结束和"战争与革命"时代的终结，原来中西方之间的阵营对立已经不复存在，以美国为首的西方国家凭借强大的军事和经济实力占据了世界霸权统治地位。冷战终结被西方和世界主流舆论解读为西方政治和经济制度的胜利，加之民主化"第三波"的世界性冲击和苏东社会主义的巨变和转型，使得以美国为首的西方在国际话语权上取得进一步的主导地位，民主、自由、人权、世界经济等源自西方的话语，几乎所向披靡，成为主权性的国际话语权。在国际话语平台中，以美国为首的西方发达国家主导着国际话语权，中国等发展中国家的"声音"处于弱化甚至"失语"状态，呈现"西强东弱"的格局。"目前四大西方主流通讯社美联社、合众国际、路透社、法新社每天发出的新闻量占据了整个世界新闻发稿量的4/5。传播于世界各地的新闻，90%以上是由美国等西方国家垄断的。"① 国际话语权明显呈现西强东弱的格局。

我们衡量中国硬实力的增长，主要是从经济总量的比较、历史的比较、整体的比较上着眼，因此，对于中国国际话语权力量的增长，也需要从这些角度着手。只有这样看发展，才能够增强我们的信心、坚定信念、鼓足干劲。但是，在看到发展的同时，我们也必须十分清醒地认识到，在当今国际话语权领域，以美国为首的西方国家主导国际话语权的根基依然非常坚固，中国在国际舞台上的话语分量依然有限，中国在国际主流舆论中的形象依然负面。例如：世界上主要的经济规则话语权、知识产权话语权、大宗商品定价话语权、证券市场话语权、金融机构话语权、期货市场话语权、货币话语权、信誉评价机构话语权，等等，基本上都是由西方国家在主导。中国虽有 GDP 第二的身份，但并不意味着中国在国际经济领域的话语权就是第二，中国的经济话语权仍然十分有限。

在国际经济旧秩序中，以美国为首的发达国家占据主导地位，主导着经济全球化，也决定着全球化规则与制度的制定，可以说经济全球化的规则与制度是发达国家经济制度和规则的进一步延伸，发展中国家在经济全球化成本分摊和利益分配中处于非常不利的地位。特别是世贸组织取代关贸总协定以后，发达国家利用其主导的世界贸易规则，要求其他国家无条件地履行自由贸易，这种不公平的规则与政策，使发达国家长期地在

---

① 梁凯音：《论国际话语权与中国拓展国际话语权的新思路》，《当代世界与社会主义》2009 年第 3 期。

经济上对发展中国家进行控制与剥削。经济全球化是信息全球化发展的结果，也促进了信息全球化更加迅速的发展。在人类进入全球信息时代的时候，以美国为首的发达国家垄断着信息话语权，通过信息话语霸权对发展中国家进行围堵与压制，"信息业实现准则化的后果：它们将决定今天这些集团的未来，并且将影响各国的竞争优势，甚至会影响整体技术的发展和传播。"① 那些未曾参与信息全球化规则讨论的国家根本无从影响全球信息化的结果，甚至还没意识到这些讨论的意义。所以造成国际话语权西强东弱基本格局的根本原因在于在不公正、不公平的国际经济旧秩序下东西方国家发展的不平衡。要提高我国的国际话语权，就必须正确客观地认清当今世界国际话语权的特征，做到"对症下药"，区分原则性话语权与具体事务性话语权，采用不同的应对和提升策略。

（二）西方把持国际话语霸权

话语霸权是国际政治话语体系中最重要的形式之一，话语霸权体现了霸权国家对非霸权国家的权力关系，目的在于压制非霸权话语，使其沉默无声、边缘化。在近代，话语霸权主要表现为殖民主义话语，如东方主义；在当代，话语霸权主要表现为新帝国主义话语，如美国外交中的国家分类学。② 国家话语权是对外发言权与评判权的统称，包括解说国际事件、设置

① F. 沙奈：《资本全球化》，中央编译出版社 2001 年版，第170 页。
② 甘均先：《压制还是对话——国际政治中的霸权话语分析》，《国际政治研究》2008 年第 1 期。

国际议程、制定国际规则与标准、维护"国际道义",重点是引导与塑造国际舆论,本质属于国家的软实力,是为霸权国家对外战略服务的重要工具。当前,在西方国家力图打压异己、维护世界主导地位的大背景下,西方大国极力强化"话语霸权",国际话语霸权为西方大国所把持。在近代,西方大国利用国际传媒舆论夺得了世界话语霸权,并一直牢牢把握着世界的话语权,企图利用媒体舆论大肆干预别国的内政外交,压制别国在国际上的正常表达,导致很多非霸权国家处于无言或失语的窘迫处境。

在我国,随着我们国家综合国力的日益发展强大,我们虽然早已摆脱了历史上"落后挨打"的"东亚病夫"的不利处境,但我国在国际话语权问题上仍处于"被动挨骂"的局面,中国和平发展不断遭遇到西方话语霸权的多重挑战。首先,西方国家越来越多地利用话语霸权,加紧对中国实施"软遏制"政策。由于中国的综合实力尤其是软实力的发展,相对于西方发达国家仍然处于劣势地位,所以在国际话语权的斗争中,我们仍处于彼强我弱、彼战我守的态势。其次,西方以"大国责任"为借口,以"国际社会代言人"自居,炒作国际议题、操纵国际议程,企图"引导"与"规范"中国的发展方向,维持西方的主导地位。西方无视中国人均 GDP 处于较低水平与"发展中国家"的属性,故意夸大中国 GDP 的总量与发展速度,将中国片面界定为"崛起大国",逼迫中国承担超出其实际承受能力的所谓的"大国责任",动辄制造国际舆论,把中国推到国际舆论的风口浪尖,对中国的发展指手画脚。再次，西方极力垄断"民主"、"自由"的话语权，给中国贴上所谓的"专制"、"威权"的标签，不断对中国发动意识形态攻击。西方国家一贯唯我独尊，无视中国的民主法治已经取得的巨大进步，对"中国道路"与"中国模式"影响力的不断上升充满了嫉妒与不满，对华心态日趋复杂与扭曲。此外，西方对中国社会转型期出现的问题进行大肆炒作，炮制负面话题，企图干涉中国内政。由于中国社会转型正处于人民内部矛盾凸显期与群体事件多发期，加之一些危机处置与应急管理能力经验尚有不足，某些主管部门在"第一时间"的"发声能力"不强，导致"小道消息"甚至谣言满天飞，西方媒体伺机制造负面舆论，极力抹黑中国形象。①

"如果说西方国家的强权政治、发达经济及文化优越感，尤其是强势的媒体技术和语言优势等是构建话语霸权的外因的话，那么西方的政治学家、学者和传媒的苦心经营则是构建话语霸权的内因。在内因、外因相互作用下，共同造就了一个有利于西方大国的舆论环境，"使西方国家长期把持着国际话语的霸权。当代世界虽然已经远离了暴力控制的时代，但是现在和未来世界政治力量的魔方，将控制在拥有先进信息的强者的手里，他们会利用手中所掌握的网络控制权、信息发布权以及英语这种强大的语言文化优势，达到金钱和暴力无法征服的目的。现在的西方国家也正是这么做的，他们牢牢掌握着国际话

---

① 陈向阳：《如何有效应对西方"话语霸权"挑战》，《瞭望新闻周刊》2010年3月29日。

语霸权，利用媒体和舆论的压力，通过打压他国，扭曲实际情况，以达到不可告人的目的。① 中国面对西方国家强势的话语霸权压力，需要从战略上高度重视，进一步统筹兼顾国内国际两个大局，增强主动性，加强有效应对，尽快扭转"被动挨骂"的局面。

（三）中国道路的国际话语权有限

改革开放以来，随着中国经济实力和综合国力的迅速提升，中国的国际影响力也在日益增强。中国虽然在"硬实力"方面与西方发达国家的差距在日益缩小，但"软实力"方面的发展还相去甚远，中国在国际上的话语权依旧十分有限。中国国际话语权处于被动地位，常常遭到强势话语的攻击，一些中国舆论制高点也被西方话语霸权国家所占领，对中国道路国际话语权的表达十分不利。在当今世界，以美国为首的西方国家掌控着国际话语权，并对中国的国际经济话语权、国际政治话语权、国际文化话语权、国际军事话语权等实行围堵与压制，使中国在国际舞台上的话语分量非常有限，中国道路的国际话语权表达十分有限。

首先，中国道路的国际经济话语权十分有限。改革开放以来，虽然中国的经济得到了飞速发展，中国的经济实力和综合国力不断增强，已成为世界上最大的发展中国家和世界第二大

---

① 《突破西方的话语霸权》（http：//opinion. southcn. com/southcn/content/2008 - 04/02/content_ 4368329. htm？collcc = 2978954644&），2008 年 4 月 2 日。

经济体，但世界上主要的经济规则和制度的主导权仍然掌握在西方国家手上，并且西方国家利用其世界经济主导地位对中国的经济发展进行干涉和压制，不利于中国道路的国际经济话语权表达。

其次，中国道路的国际政治话语权十分有限。当今世界，所有的西方大国实行的都是资本主义的政治制度，"中国模式"的成功并不符合西方国家的愿望，西方国家对中国的政治制度、价值观念、意识形态等方面的国际话语权进行围堵与孤立，不利于中国道路的国际政治话语权表达。

再次，中国道路的国际文化话语权十分有限。由于根本力量对比的差异，中国道路的国际文化话语权非常有限，中国声音"走出去"的情况不容乐观。仅以传媒为例，据统计，西方几大通讯社几乎垄断了全球信息的来源及解读，80%—90%的消息是由西方几大通讯社提供的，而以华语为载体的信息量，大约只占全球信息总量的5%。

此外，中国道路的国际军事话语权十分有限。中国的军事力量与美国等军事强国相比，有着巨大的差距，中国的军费只是美国军费的1/10，中国陆军信息化才刚刚起步，还只是一支摩托化和半机械化的军队，而美国已经在全球打了几场信息化的战争。总之，中国道路的国际经济话语权、国际政治话语权、国际文化话语权、国际军事话语权都有待进一步提高。

面对当前中国道路话语权提升的发展困境，以及当今世界经济政治格局正发生着深刻变化的机遇，中国的发展必须要抓住并利用好国际发展战略机遇期，建设好中国发展的外部环境。

外部环境有硬环境也有软环境，软环境的建设最重要的是软实力的建设，在软实力的建设中，应当高度关注国际话语权环境的建设问题，使中国声音"走出去"，向国际社会传达中国的真实声音，在国际社会中树立中国的正面形象，为中国的科学发展、和谐发展、和平发展创造良好的外部环境，促进中国道路的国际发声。同时，中国现有的硬实力，也为中国进一步提升国际话语权提供了重要支撑，中国要坚定不移地进一步加强国际话语权的建设。

首先，我们要像重视中国企业"走出去"一样重视中国声音"走出去"，将中国声音"走出去"作为国家战略工程，纳入国家的经济社会发展规划，不间断地组织实施。其次，面对中国道路国际话语权的发展困境，我们要有理有利有节地应对国际话语权的挑战。面对西方国家在话语权问题上的主要挑战论点，我们要善于利用现在的话语权体系和话语权规则，在关键问题上发出自己的声音，向世界传播中国真实的声音和真实的形象。再次，我们要重视重大国际问题的基础理论研究和对策研究，加强智库建设，形成自己有力量的话语体系，力求冲破西方的话语权体系，实现中国道路国际话语权的真正发声。

二　中观层面上"话语陷阱"的挑战

"话语陷阱"是指日常生活中的一种语言现象，也是一个国家在一定的国际舆论结构之下经常面临的问题，话语陷阱往往带有严重的负面影响，导致国家的利益受损，政治合法性削弱，带来思想混乱和社会动荡，甚至造成政息人亡。当今中国在国际舆论"西强我弱"、价值观念和政治制度"普世化"的背景下，正面临着种种话语陷阱。新中国成立以后，中国实行改革开放走上了具有中国特色的社会主义道路，将中国人民带上了富强、民主、文明、和谐的发展道路，给中国的发展带来了伟大的成功。中国道路所带来的成功，从感官、心理、利益、理念、制度各个方面给西方大国带来了严重的冲击。

由于中国道路在经济与社会发展模式、文化传统与价值观念等方面有着自己鲜明的独特性，在政治制度、意识形态、外交理念、政策行为等方面相比于西方具有"异质性"，不符合西方的标准，因此中国道路不可避免地成为西方和国际舆论话语陷阱"诱捕"的对象。西方国家针对中国特色社会主义道路的发展特点、道路成就以及中国的外交政策与国际行为，借由其主导的国际舆论结构，将西方国家的价值观念渗透到国内的意识形态，并利用西方话语权优势对中国道路进行歪曲和批判，对中国发展进行话语陷阱设置，以达到对西方利益进行道义性包装、推崇其所信奉的崇尚实力与理性自私的国家政治哲学、展开对我国政治价值观和意识形态的争夺的目的。①

在今天中国正在崛起与日益强大的现实面前，西方话语成了西方国家压制中国发展的一种新武器，"话语权战争"成为一场没有硝烟的战争。在当今"西强我弱"的基本话语权结构下，西方国家正是用其构建的话语权，以制造种种"话语陷

---

① 张志洲：《警惕西方话语陷阱，走好中国道路》，《红旗文稿》2013年第21期。

阱"的方式对中国和中国道路展开攻势。对于中国而言，只有
警惕西方话语陷阱，认清西方话语实质，才能更好地走好中国
道路。

（一）西方资本主义的"普世价值"观

有关于"普世价值"的争论，问题不在于普世价值本身，
而在于普世价值的话语权。西方文化在普世价值的争论上的最
成功之处，就在于为西方构建起了普世价值的话语权。从希腊
希波战争到当代反恐，来自西方的暴力都受其自由主导的普世
价值话语的保护。西方在现代化历史上自觉地构建普世价值，
意义不仅仅在于对实现普世价值的追求，更在于对普世价值主
题权的谋取。现代西方国家自觉主动地构建普世价值的方式，
是为了给世界现代化或全球化历史造成一种文化幻觉或文化错
觉，使其在谋取话语霸权地位的过程中，对后发现代化国家设
置"话语陷阱"。后发现代化国家对西方的态度决定了他们对普
世价值的态度：他们总是不自觉地把普世价值等同于西方的普
世价值话语权，或者因为认同西方而认同西方资本主义的普世
价值观，或者因为否认西方而反对西方资本主义的普世价值观。
这两种选择，无一不使自身落入后殖民主义文化霸权设置的陷
阱中。

任何一个有世界历史担当的国家或民族，都应该具有自觉的
普世价值使命，而西方资本主义的普世价值观是西方资本主义
在国际话语权竞争中设置的一个"话语陷阱"，因为不管认同还
是否认普世价值观，都会使自己陷入失去国际话语权的危险之

中。如果认同西方资本主义的普世价值观，那么也意味着认同了西方资本主义普世价值观的话语权，从而使自己丧失了"思想主权"，沦陷于后殖民主义的文化蒙昧中。而如果拒绝西方资本主义的普世价值观，也就是否定了普世价值本身，这样就在世界历史的思想竞争中，将自身普世价值的话语权拱手让予西方资本主义。

近年来，西方资本主义的普世价值观在中国甚嚣尘上，面对中国道路带来的发展，其宣扬者宣称，创造中国发展奇迹的，是"引进了市场经济、民主、自由、法治、人权这些具有普世价值的东西。"甚至还有一些人肆意扭曲党的十八大报告提出的社会主义的核心价值观，认为，"中共十八大最大的亮点就是将民主、自由、平等、公正等普世价值列入社会主义核心价值观"，"第一次提出了肯定普世价值的社会主义核心价值观"。

事实上，普世价值观维护者的这种论断在中国特色社会主义发展道路中是不能成立的，首先，普世价值观在理论上是站不住脚的。习近平总书记指出："文化软实力的灵魂是什么？文化软实力建设的重点是什么？就是核心价值观，这是决定文化性质和方向的最深层次要素。一个国家的文化软实力，从根本上说，取决于其核心价值观的生命力、凝聚力、感召力。"任何一种价值观念都不可能脱离历史、超越时代，而普世价值观中的普世就是强调价值观念的普适性与永恒性，鼓吹存在超历史的适合于一切民族和一切时代的价值观念，无疑是荒谬的，是没有任何理论依据的。其次，普世价值论在实践上是有害的。从发达资本主义国家内部和西方发达国家推行普世价值的标准来看，所谓的民主等普世价值都是虚伪的，它从来没有超越过现实政治和利益的考量，因此也是矛盾的。而且从发展中国家不切实际照搬照抄西方资本主义国家普世价值观的后果来看，绝大多数被输出民主国家社会动荡不安，普通民众连最基本的社会稳定和物质生活都无法得到保证。再次，社会主义核心价值观是中国特色社会主义道路发展历史上迄今为止最高层次的价值观。社会主义核心价值观和无产阶级道德观有着共同的一面，都代表着人类文明的方向和未来，承继着中华民族优秀传统文化和人类文明优秀成果，体现了民族性和时代性的高度统一。

面对西方资本主义普世价值观的话语陷阱，首先，我们必须要把培育和弘扬社会主义核心价值观作为强基固本、凝魂聚气的基础工程，旗帜鲜明地坚持和弘扬社会主义核心价值观，坚定不移地走中国特色社会主义发展道路。其次，我们要确立中国的核心价值取向，提升中国的文化软实力，客观面向中国现实，进行中国道路话语权的追问与提升。再次，我们要吸取传统文化和西方文化的合理成分，丰富中国现代学术话语体系的内容，并利用中国原创的学术话语，建构中国学术话语体系。[1]

（二）西方价值观念对国内意识形态的渗透

近年来，伴随着改革开放的日益深化和经济全球化的不断发展，中西方文化交流日益密切，我们在借鉴和吸收西方有益文化促进自身发展的同时，也面临着西方资本主义势力对中国文

---

[1] 韩璞庚：《如何避免落入西方"话语陷阱"》，《光明日报》2015 年 4 月 16 日。

化和价值观的影响与渗透。我国近年来在经济、社会各个领域的迅速发展，特别是经济的崛起对以美国为首的西方资本主义发达国家带来了巨大的压力。一些西方国家出于利益的考虑，开始对我国文化和价值观念进行以价值渗透为本质、文化输出为表现的意识形态侵蚀，企图通过西方意识形态的渗透来影响中国社会的思想走向，进而维护其在中国的利益和战略。事实证明，以美国为首的西方发达资本主义国家对我国进行文化和价值观的渗透，对我国国家文化安全和国家经济发展带来了巨大的影响。历史上，帝国主义对中国进行政治、经济、军事侵略的同时，也利用板报、办学校等途径采取公开的对华文化渗透，目的是使中国人民接受殖民奴化思想，使中国社会永远处于被西方殖民主义者统治压迫的境遇。现在西方采取较为隐蔽的途径对中国进行意识形态的文化渗透，目的是使中国人民接受西方的价值观和资产阶级的那套政治理念，从而使中国的社会主义制度"和平演变"成资本主义制度。

西方资本主义国家对中国进行价值观念意识形态的渗透，实际上也是对中国道路国际话语权的重大挑战，而且与近代西方帝国主义对中国文化与价值观渗透的路径相比较，今天西方国家对中国不断进行的文化与价值观渗透采取了新的路径和手段，其显著特点是将意识形态渗透从公开的、易被识破的、赤裸裸的显性意识形态渗透，变换成更隐蔽的、不易被识破的、更巧妙的意识形态渗透，对此，我们应高度重视和警惕。在经济全球化背景下，西方资本主义国家对华意识形态渗透的新途径主要有：首先，利用互联网及其他传媒进行意识形态渗透。事实上，网络已成为美国对中国输出美国价值观的主要途径，近年来，以美国为首的西方国家通过新媒体、外交渠道、报纸杂志、广告、电影、电视等各种网络途径，对中国大量宣传西方的资本主义文化和价值意识形态，诋毁和批判我们的主流意识形态和民族文化。其次，西方国家以新式的宗教渗透作为对华意识形态渗透的手段。随着我国改革开放的不断深入，西方宗教渗透活动的手段多样，范围也随之扩大，他们披着"传播福音"的华丽外衣，企图把西方的思想意识和文化价值理念传播渗透到中国，妄图从精神世界奴役、统治中华民族。其次，西方国家通过资助、扶持中国某些"西化精英"企图实现"和平演变"的目的。例如美国通过"美国国家民主基金会"控制中国的某些社会活动家和法学家，在中国制造政治动荡和分裂活动。此外还有许多所谓非政府组织受其资助，包括《民主杂志》、世界民族运动、国际民族研究论坛、国际媒体援助中心等非政府组织，在世界很多地方扮演过特殊的政治角色，都是为西方价值观意识形态渗透服务的。

西方意识形态的日益渗透，对我国意识形态安全构成了严重威胁。面对西方价值观念对国内意识形态渗透日益呈现出复杂多变的样态，通过构建国家意识形态安全机制，实施相应策略，是巩固制度安全，提升中国道路国际话语权的重要保障。首先，我们要巩固马克思主义在我国意识形态的指导地位，中国道路的发展要坚持马克思主义先进理论的指导，要在中国道路的发展过程中，充分发挥社会主义核心价值体系的引领和整合作用，使中国社会主义意识形态的地位更加稳固和安全。其次，我们要注重中华民族优秀传统文化基因的弘扬与传播，培育具有中国特色的本土精神文化品牌，传播我们社会主义意识和价值观，让世界更好地认识中国、了解中国、肯定中国。再次，我们要注重对民众意识形态安全的培养，意识形态安全作为国家安全的重要组成部分，关乎国家的存亡，加强民众的意识形态安全教育，增强民众对价值观念的甄别能力，在面对西方价值观念的渗透时，为维护国家安全贡献自己的力量。

（三）西方话语权优势对中国道路的歪曲和批判

一直以来，西方似乎已经习惯于歪曲地理解和报道中国，在他们眼里，对中国的偏见和歪曲远远盖过了事实。出现这种现象，有人认为是因为一直以来由于思维惯式和价值理念的差异，使中西方在意识形态方面存在着对立甚至敌对情绪，让部分西方民众在理解中国时，不可避免地带着偏见。其实这只是表象，更深层次的原因在于，一些西方政客为了政治需要，故意歪曲事实，对中国进行否认和批判，以此来谋取政治利益，达到自己的政治目的。以西藏事件为例，在德国，一些政客和媒体一直对达赖集团持有某种同情态度，时常就西藏问题对中国进行批判，而这往往是他们获取选票的一种手段。这些掌握舆论工具的人，利用民众较少渠道了解真正中国的情况，对中国道路进行不切实际的报道，对现实进行歪曲和批判，制造"中国威胁论"，给民众制造中国繁荣崛起带来的恐慌。

中国道路，在西方话语中一般被称为"中国模式"，即中国特色社会主义道路。中国模式的性质本不应该成为一种问题，但在西方话语权的主导下，许多西方学者对中国道路的解读，或带有明显的意识偏见，或带有形形色色的政治意图，或秉持错误的方法论原则，使中国道路在西方话语中成为一个大问题。西方对中国道路的歪曲主要有：第一，"中国特色资本主义模式说"，西方一些左翼学者认为，所谓的中国特色社会主义不过是一个幌子，中国模式的实质不是利用资本主义来建设社会主义，而是利用社会主义来建设资本主义。第二，"新自由主义模式说"，一些西方学者将中国改革开放的成功归因于新自由主义，将中国道路解读为中国特色的新自由主义，中国代表着"首屈一指的新自由主义样板国家的形象"。第三，"儒家资本主义模式说"，它是海外学者在 20 世纪 80 年代对日本、韩国、新加坡以及中国香港和台湾等东亚地区的工业文明体系的社会经济政治制度及思想文化体系的总称和概括，他们认为中国模式的奥秘在于儒家文化和资本主义联姻。第四，"国家资本主义模式说"，这是后危机时代西方学者观察中国的一个新动态，他们认为中国是国际资本主义模式的"首要国家"和"领导者"。第五，"第三条道路说"，有些学者认为，中国特色社会主义道路模式既不姓"资"，也不姓"社"，是一条超越于社会主义和资本主义的"第三条道路"。第六，"威权社会主义模式说"，西方某些学者认为中国特色社会主义道路就是"威权统治下的社会主义制度与建设"，将中国的发展模式归结为威权统治下的社会主义模式。第七，"市场社会主义模式说"，某些西方学者认为，中国道路代表了市场社会主义发展的主流和方向，并且中国道路的目的在于利用市场来实现社会主义。第八，"后社会主义模式说"，提出"后社会主义模式说"的学者认为中国特色社会主义道路的实践已经无法用社会主义和资本主义的传统进行划分，便提倡用"后社会主义"来定性中国模式。①

西方国家能成功对中国进行歪曲和批判的一个重要原因在于，一方面，由于西方国家把持着国际话语权的绝对优势，主导着国际舆论的主题和方向，肆意对中国道路的发展进行歪曲和批判，而中国作为新兴崛起的发展中国家，其话语权体系建构还不够完善，中国道路"发声"力量还不够强大，使很多的西方人对中国知之甚少。另一方面，由于大部分西方民众对中国方面的信息来源渠道比较少。他们很少通过直接途径来了解和认识中国，大部分都是通过报纸、电视、网络等媒体的间接渠道了解和认识中国，这样就容易被报纸、新闻等媒体误导，人云亦云。西方媒体本身具有娱乐性和人本性的特点，他们更加关注负面的、与个人利益以及人权有关的新闻。在西方，媒体虽然大都属于私人企业，但在这个"政治挂帅"的时代，媒体作为"第四种权力"也很难脱离于政治而存在。事实上，由于处于不同的政治体制和文化背景下，部分媒体难以完全客观公正地对待社会主义中国，感情上更是难以接受一个不断强大发展的中国。因此，西方媒体在报道中国时难免不为政治影响，随着政治"起舞"。此外，由于大部分西方人具有强烈的民族优越感，使他们在主观上不屑于去接触和了解中国。很多西方人一直存在着欧美才是世界中心的心理，他们这种所谓的民族优越感，使

---

① 陈曙光：《中国道路：西方话语的另类解读》，《江汉论坛》2014 年第 8 期。

他们不愿意"弯下腰"去接触和了解中国，他们对中国的一些印象还停留在 20 世纪五六十年代。①

三 微观层面上话语结构的缺陷

作为世界上最大的发展中国家和世界第二大经济体，中国在引起各国广泛关注的同时，也遭受着诸多的质疑甚至责难，究其原因，在于目前中国在国际话语体系中仍处于弱势地位，话语描述还停留在"地方性语言"阶段，中国话语表达与世界缺乏有效的对接，中国道路落入缺乏世界性意义的话语窠臼，中国话语权与国际地位不相适应。话语权既不是从天上掉下来的，也不是自我封赏的，更不是他国赐赠的，而需要自己的精细塑造、培育和争取。特别是当前，信息传播技术日新月异，信息获取手段快捷多样，信息内容规模丰富庞杂，更需要主动回应国际社会热点，高效处置突发事件，在信息发布、解读和回应等方面主动设置议题，熔铸和传播中国的核心价值，展现中国视角、风格和气派，方能有效构建中国话语权。

当前，中国话语权构建在结构上存在这三个方面的缺失，首先，中国话语的描述还停留在"地方性语言"的阶段。特别是对一些重大国际问题的描述方面，抑或言辞隐晦、不温不火，对国际社会关切程度不够明朗，中国传播媒体也就无法像 CNN、

---

① 谭迎春：《西方媒体歪曲报道中国的原因及对策——拉萨 3.14 事件所引发的思考》，《企业导报》2010 年 4 月 15 日。

BBC 等国际一流媒体那样设置国际事务议程，进而影响和引导国际舆论。其次，中国语言表达缺乏与世界的有效对接。实际上，随着中国等新兴经济体的崛起、新信息传播技术的迅猛发展，国家间相互依存程度空前提高，国际话语权正在重新分配。在此期间，快速发展的中国需要向世界解释自己"从何处来"与"向何处去"的疑惑，不仅影响到让世界更加全面、客观和理性地认识、理解和评价中国，更加影响到未来构建和形成一个什么样的国际话语新体系和世界信息传播新秩序。再次，中国道路落入缺乏世界性意义的话语窠臼。从总体上来看，当前国际话语的基本叙事结构仍然以西方为中心，西方发达国家依然掌控着国际舆论的主导权，世界仍习惯于用西方价值和逻辑来评判是非，诠释国际和国内议题，国际话语体系仍处于不平衡、不公平、不平等的格局。鉴于此，我们亟须强化顶层设计，主动设置议题，提炼中国核心价值观，发挥多元主体积极性、能动性和联动功能，使中国语言表达与世界进行有效对接，更好地构建中国话语权。

（一）话语描述停留于"地方性语言"阶段

在全球化时代的国际政治中，"争取话语权，赢得主动权"是一个国家对外政策的基本目标之一，话语权的竞争，是国家间权利关系的重要表现，但是由于国际关系历史原因与国际话语权"西强我弱"结构的影响，以及中国国内小康社会建设的优先性考量与对外政策中某些消极心态的影响，长期以来，中国的国际话语权处于弱势地位。从现实分析，一方面由于区域外的美国以话语霸权制约着中国，对中国进行"话语挤压"，并在亚洲培植了诸多应和者，尤其是近几年美国推行"重返亚洲"政策，明显在争夺亚洲事务的话语权，致使中国话语的效用大大受损；另一方面，多年来中国的外交话语和国际话语的描述还停留在"地方性语言"阶段，使得中国话语在转化为国际话语的过程中大打折扣。

中国在从世界大国向强国迈进、在构建自己的话语权和话语体系中，不可避免地受到旧有传统大国的阻挠和压制，在世界政治格局发生重大转变的关键时期，中国作为崛起的大国需要向世界发出自己的声音，并且要有效地利用世界舞台展示自己的主张。在构建对外话语体系过程中，如何增强对外话语的创造力、感召力、公信力，如何超越历史传统、意识形态、文化语言、社会制度等障碍，把中国人的话说给外国人听，而且要让外国人听得懂、愿意听，这些都是中国在构建自己话语权和话语体系时必须考虑的重要问题。

习近平总书记对话语体系的建设强调，加强话语体系建设，要着力打造融通中外的新概念新范畴新表达，增强在国际上的话语权。这明确提出了提升中国国际话语权的问题，中国国际话语体系的构建要以有效的话语方式来进行话语表达。目前来看，中国国际话语描述仍停留于"地方性语言"的阶段。以中国媒体的国际传播为例，改革开放以来，中国经济发展迅速，但中国媒体的国际传播由于没有找到适应全球传播思维转变的契合点，中国媒体还存在观念守旧、空洞说教、形式呆板、无的放矢、力量分散等问题。有数据显示，在全球每天发布的信息总量中，发自中国的信息不到5%，中国国际传播影响力仅相当于美国的14%。中国要提升自己的话语权，就必须要用世界性的语言进行话语描述，用世界性的语言向世界展现真实的自己，让世界能更直观更好地了解自己。

国家的话语体系是一定思想体系和知识体系的外在表现形式，不同风格、不同特色和不同气质的表达方式，对于某种思想、观念、讯息扩散的助推效果是截然迥异的。我们要以有效的话语表达方式提升中国国际话语权，就必须突破"地方性语言"的话语描述方式，要用新的概念新的范畴来形成一套新的能融通中外的话语体系，以对中国道路、中国理论、中国制度进行有效的阐释，将中国故事讲得有亲和力，以最好的效果表达中国的声音。

（二）中国语言表达与世界缺乏有效对接

话语权通过反映主观意识的话语来表达和运用权力，代表着一个国家的文化、意识形态和价值观等主观因素，而这些主观因素在国际话语权的竞争中有可能成为主导性因素。"国际话语权"是在冷战后被国际社会普遍认知和广泛运用的新概念，是对人们权力结构意识深刻变化的反映，中国也是在冷战后时代，国际社会权力结构发生深刻变化的背景下，开始认识到国际话语权的重要性。改革开放数十年的巨大发展成就，给国家力量带来了强劲的崛起，中国的国际话语权意识也相应地提高。当今国际社会关系中，尽管国际关系的本质没有发生根本的变化，但是在"由权力界定利益"的现实主义命题的国际关系背景下，各个国家利用各种各样的"话语包装"对权力和利益进行角逐，在一个以"和平与发展"为主题的时代，明显失去了其合理的正当性。在中国的国际话语权意识逐渐增强的过程中，中国在国际话语权的权利份额分配与权力运用上存在着许多困境，中国话语权表达与世界缺乏有效的对接。

新中国成立后的30年，从"一边倒"到"两个拳头打人"，这个时期的中国国际话语权颇有国际感召力，极具特色。20世纪70年代，中国国际话语权在中美苏大三角的背景下也保持了自己的特色和影响力。到20世纪70年代末，中国开始改革开放，开始向西方学习先进的经济制度和文明成果。跨入21世纪后，中国改革开放开始"与世界接轨"，开始全方位地融入全球化进程。在"与世界接轨"的过程中，大量经济领域、政治领域和外交领域的西方话语涌入中国，并为中国所采用。如由商品价值、市场经济、股份制、私有产权等概念组成的经济话语体系，由自由、民主、人权、法治等概念组成的政治话语体系，由国际利益、人道主义、权力及软权力等概念组成的外交话语体系，还有大量夹带着西方中心主义思潮的话语肆意入侵中国，如存在主义、后现代、后结构主义、"历史的终结"、"文明的冲突"等。各个学科都在努力地"与世界接轨"，西方话语已经成为各个学科的主流话语，一个通常的模式是：西方在设置话题，我们则跟着讨论。①

①　张志洲：《中国际话语的困局与出路》（http：//theory. people. com. cn/GB/9878818. html），2009 年 8 月 18 日。

一定程度上来说，中国话语表达与世界的对接，是对世界上已经确定的话语的接受和对话语权的认同。中国语言表达建立在自身文化和经济根基之上，缺乏强势话语与西方话语体系的抗衡，中国话语成为弱势话语。导致的结果是，我们即使在批判西方的"中国威胁论"，也是在采用西方的概念、数据、话语和逻辑体系，从而陷入西方"话语陷阱"之中，在国际话语权竞争中陷入尴尬局面。

（三）中国道路陷入缺乏世界性意义的话语窠臼

中国道路在数十年的形成与发展过程中，经受了各种风险和考验。冷战后苏联解体、东欧剧变，社会主义遭受重大挫折，在被西方宣布"不战而胜"、"历史终结"的压力中，在亚洲金融风暴、国际金融危机、欧洲债务危机以及西亚北非的乱局中，一些国家被解体、被推翻，中国虽然也付出了一些代价，但最终中国道路发展得很好。在一些国家反思、总结自己的发展道路时，中国道路的影响力也显现出来。西方国家一向期望发展中国家能按照他们的模式发展，而对于中国道路这种不同于西方资本主义模式的发展道路，西方将之称为"北京共识"、"中国模式"。在对中国道路的讨论中，不少人对中国道路有所误解、有所疑惑。中国有着自身的历史和文化传统，又长期受到原苏联社会主义发展模式的影响，所以与西方发达国家的资本主义发展道路不一样，也正是因为中西方发展道路与政治制度等方面的差异性，使当今中国道路的发展在以资本主义发展道路为主的国际关系中陷入缺乏世界性意义的话语窠臼。

中国道路缺乏世界性意义的话语窠臼主要体现在：一方面，"中国模式"的成功，并不符合西方国家的意愿。当今世界，所有的西方大国实行的都是资本主义的政治制度，绝大多数国家实行的也是资本主义制度，可以说，中国在政治制度、价值观念、意识形态等方面的国际话语权问题上，仍然处于被围堵、被孤立的局面。另一方面，西方对中国道路发展问题的挑战。在中国道路发展的问题上，西方国家主要有两个疑惧，一个是对社会主义制度的疑惧，一个是对国家利益的疑惧。对社会主义制度的疑惧，是担忧中国特色社会主义制度会挑战西方资本主义制度；对国家利益的疑惧，是担忧中国的发展会损害西方国家的利益。当然还有一些左翼政党和人士从另一个视角怀疑"中国模式"，批评中国道路发展是搞"野蛮资本主义"和"权贵资本主义"。所以中国道路话语权的发展面临着西方左、右两派政治势力的"夹击"。

由于中国是后发展崛起的国家，而且在世界现代化潮流中所表现的发展动力既是内生的又是外在的，所以中国在吸收发达资本主义国家发展经验的同时必须走一条具有自己特色的发展道路，发出自己特有的声音，提高中国道路的话语权。在风险与机遇中前进的中国，因为自身道路本身存在缺乏世界性意义的话语窠臼，所以在发展前进中，我们要清楚地知道自己走的是什么路，为什么要走这条路，以什么样的精神状态走这条路，这也需要我们保持定力，认认真真地去解决原有的问题和势必会继续出现的问题，遇到再大的困难也不动摇。

第五章 文化、价值观自信与中国道路 国际话语权表达体系的构建

　　话语权是国家实力与国家形象的表达。中国作为世界上最大的发展中国家和世界第二大经济体，在国际舞台上逐渐强大与崛起。作为大国，中国需要有自己的话语权，更需要引领时代发展和世界潮流的话语权。中国共产党在党的十八大报告上提出中国走中国特色社会主义道路，全党必须要坚定"道路自信、理论自信、制度自信"。"三个自信"是中国共产党执政理念的创新，也是实现民族伟大复兴中国梦的价值支撑和精神力量。"三个自信"的提出，"是基于近代以来的历史选择、改革开放以来的实践证明和人民群众的认同支持，与国际社会对中国特色社会主义的高度关注、积极评价密切相关，也是应对经济全球化冲击和剧烈国际竞争的自我保护策略，为确立中国话语自信提供了重要支撑。"①

　　全球化是当今时代最重要的特征之一，在全球化背景下，世

---

① 陈金龙：《"三个自信"与中国话语权的构建》，《光明日报》2015 年 1 月 15 日。

界各国间出现不同程度的理念碰撞、利益摩擦及制度之争。一方面全球化改变了历史上长期以来西方与非西方泾渭分明的界限，另一方面全球化也动摇了工业革命以来形成的"西方中心"的信仰。为应对全球化的挑战，许多国家抢占先机，加紧了全球化背景下的国际话语体系建构与重塑。中国随着经济实力的增强与国际影响力的提升，也开始日益重视国际话语权的重要性，构建能有力迈步中国道路的信念体系、能有力表达中国道路的文化和价值体系、能有力阐释中国道路的学术话语体系，目的是建立一个源起中国、影响世界的中国话语权体系，提升中国道路国际话语权表达。

一 构建能有力迈步中国道路的信念体系

中国特色社会主义是当代中国发展进步的旗帜，是中国共产党和全国各族人民团结奋斗的旗帜。在全球化日益发展的今天，面对错综复杂的国际国内环境，我们要经受住各种挑战与考验，就必须坚定信念，坚持中国特色社会主义共同理想，立足于实践，构建能有力迈步中国道路的信念体系。坚定的理想和信念是我们生存和发展的根本动力，也是我们国家、民族和政党前进壮大的精神支撑。

近代中国人民自 1840 年以来，就开始不断探索民族独立和国家富强的现代化道路，社会主义道路是我们经过几代人共同努力的选择。事实证明，社会主义道路是一条适合我们国情发展的道路，它给我们带来了经济的发展，实现了国家的繁荣富强，现在我们继续在中国共产党的带领下、在坚持中国特色社会主义道路中不断前行，在前进的道路上，我们只有对自己所走的道路足够自信，我们才能越走越远。所以，我们要凝聚中华民族对自身文化生命力和发展道路的坚定信念，凝聚中国共产党对自身文化生命力和发展道路的坚定信念，凝聚走稳走实中国道路的坚定信念，增强道路自信、理论自信、制度自信，构建能有力迈步中国道路的信念体系。

（一）凝聚中华民族对自身文化生命力和发展道路的坚定信念

在庆祝中国共产党成立 95 周年大会上，习近平总书记在讲话中明确指出："当今世界，要说哪个政党、哪个国家、哪个民族能够自信的话，那中国共产党、中华人民共和国、中华民族是最有理由自信的。"近代以来，中华民族从苦难中爬出来，走出了一条属于自己的中国道路，开创了中国特色社会主义理论体系，建立了一套中国特色社会主义理论制度，传承并继续弘扬着五千年的中华文明，这是党和人民 90 多年奋斗、创造、积累的伟大成就，也是我党自信、中国自信、民族自信的根本所在。"近代和当代中国为实现中华民族伟大复兴中国梦的全部努力，汇聚到一点，就是在改革开放的伟大实践中形成了中国特色社会主义道路、理论、制度。要增强对中国特色社会主义道路、理论、制度的民族自信，抵御各种错误思潮的影响、诱惑和侵蚀，就必须为道路自信、理论自信、制度自信打上一层亮丽而坚固的底色。这个底色，就是对中华民族优秀历史传统的文化自信。"① 凝聚中华民族对自身文化生命力和发展道路的坚定信念，是构建能有力迈步中国道路信念体系的基础。

习近平指出："我们要坚持道路自信、理论自信、制度自信，最根本的还有一个文化自信"。② 何谓文化自信？文化自信是一个民族、一个国家以及一个政党对自身文化价值的充分肯定和积极践行，并对其文化的生命力持有的坚定信心。党的十八大以来，习近平多次强调民族文化自信，传递他的文化理念和文化观。关于文化自信与中国道路的发展，他指出："增强文化自觉和文化自信，是坚定道路自信、理论自信、制度自信的题中应有之义。""中国有坚定的道路自信、理论自信、制度自信，其本质是建立在 5000 多年文明传承基础上的文化自信。""文明特别是思想文化是一个国家、一个民族的灵魂。无论哪一个国家、哪一个民族，如果不珍惜自己的思想文化，丢掉了思想文化这个灵魂，这个国家、这个民族是立不起来的。"③ 因为中华优秀传统文化，"可以为治国理政提供有益启示，也可以为道德建设提供有益启发"，"我们今天的国家治理体系，是在我国历史传承、文化传统、经济社会发展的基础上长期发展、渐进改进、内生性演化的结果"，"只有坚持从历史走向未来，从延续民族文化血脉中开拓前进，我们才能做好今天的事业"，

① 李捷：《中华优秀传统文化奠定了民族自信》，《中国文化报》2015 年 12 月 1 日。
② 《习近平谈文化自信》，《人民日报》（海外版）2016 年 7 月 13 日。
③ 习近平：《在纪念孔子诞辰 2565 周年国际学术研讨会暨国际儒学联合会第五届会员大会开幕会上的讲话》，《人民日报》（海外版）2014 年 9 月 25 日。

"没有文明的继承和发展，没有文化的弘扬和繁荣，就没有中国梦的实现"。①

中华民族的传统文化发展历史悠久，内容博大精深，是民族历史上各种思想文化、观念性态度的总体特征，是由中华文明演化而成的、由居住在中国地域内的中华民族及其祖先所创造的、为中华民族世世代代所继承发展的文化，是具有鲜明的民族特色和优良传统的文化。我们要坚定对自身文化生命力和发展道路的信念，因为我们所拥有的博大精深的优秀传统文化，能增强中国人的骨气和底气，是我们最深厚的文化软实力，积淀着中华民族最深层的精神追求。凝聚中华民族对自身文化生命力和发展道路的坚定信念，不仅要从文化的积淀、传承与创新、发展着手，更要在当今中国特色社会主义的蓬勃生机中实现中华民族伟大复兴中国梦的光明前景。

国家兴旺，文化必然昌盛，改革开放 30 多年来，我们在中国共产党的带领下，创造了举世瞩目的成就，特别是党的十八大以来，我们党把建设社会主义文化强国摆到更加突出的位置，中华文化迎来了一个繁荣发展的黄金期。文化的优秀、国家的强大、人民的力量，就是我们文化自信的强大底气，正如习近平总书记所说："站立在 960 万平方公里的土地上，吸吮着中华民族漫长奋斗积累的文化养分，拥有 13 亿中国人民聚合的磅礴之力，我们走自己的路，具有无比广阔的舞台，具有无比深厚的历

①　中国延安干部学院延安精神研究中心：《没有文化的弘扬和繁荣就没有中国梦的实现》，《光明日报》2014 年 6 月 6 日。

史底蕴，具有无比强大的前进定力。中国人民应该有这个信心，每一个中国人都应该有这个信心。"①

（二）凝聚中国共产党对自身文化生命力和发展道路的坚定信念

一个人需要自信，一个国家和民族尤其是执政党更需要自信。一个政党只有充满自信、坚定自信，才能成为实践的领导力量。党的十八大在提出"在中国共产党成立一百年时全面建成小康社会""在新中国成立一百年时建成富强民主文明和谐的社会主义现代化国家"的宏伟目标的同时，要求全党坚定中国特色社会主义的道路自信、理论自信、制度自信。这"三个自信"，来自于对中国共产党执政规律的科学系统认知和实践运用能力的不断提高，是中国特色社会主义事业开拓发展的历史逻辑必然，是当代中华民族自信和中国共产党自信的最集中的体现。习近平总书记指出："我们要坚定中国特色社会主义道路自信、理论自信、制度自信，说到底就是要坚持文化自信"，要引导党员特别是领导干部"坚定中国特色社会主义道路自信、理论自信、制度自信、文化自信。"

在构建能有力迈步中国道路的信念体系中，凝聚中国共产党对自身文化生命力和发展道路的坚定信念，对树立中国文化、价值观自信与提升中国道路国际话语权表达体系的构建尤为重

---

① 习近平：《在纪念毛泽东同志诞辰 120 周年座谈会上的讲话》，人民出版社 2013 年版，第 21 页。

要。党的十八大报告关于"三个自信"的重要论述，清晰地表明了我们党坚定不移地走中国特色社会主义道路，坚持中国特色社会主义理论体系和中国特色社会主义制度的决心和信心，对激励全党和全国人民全面建成小康社会和实现中华民族伟大复兴宏伟目标必将产生极为重要的精神推动作用。习近平总书记在庆祝中国共产党成立 95 周年大会上明确指出，中国共产党要"坚持不忘初心、继续前进，就要坚持中国特色社会主义道路自信、理论自信、制度自信、文化自信，坚持党的基本路线不动摇，不断把中国特色社会主义伟大事业推向前进。"坚持"四个自信"，是在中国共产党的带领下，凝聚对自身文化生命力和发展道路的坚定信仰，是不断把中国特色社会主义伟大事业推向前进的内在动力，是全面建成小康社会和实现中华民族伟大复兴中国梦的重要基础，也是树立中国文化、价值观自信和提升中国道路国际话语权表达体系的根本保障。

中国共产党带领中国人民在树立中国文化、价值观自信与提升中国道路国际话语权表达体系的构建过程中，对自身文化生命力和发展道路有足够自信的基础。习近平总书记在庆祝中国共产党成立 95 周年大会上明确指出："当今世界，要说哪个政党、哪个国家、哪个民族能够自信的话，那中国共产党、中华人民共和国、中华民族是最有理由自信的。"中国共产党具有足够自信的基础，是最有理由自信的执政党。中国共产党在近百年的奋斗中形成了自己的理论优势、政治优势、组织优势、制度优势和密切联系群众的优势。这五大独特优势，体现了中国共产党面对新形势新任务的自信与自强，对中国共产党和中国道路的发展具有决定性的意义和力量，是中国共产党始终保持先进性和纯洁性的根本法宝。

（三）凝聚走稳走实中国道路的坚定信念

习近平总书记强调："道路问题是关系党的事业兴衰成败第一位的问题，道路就是党的生命。中国特色社会主义，是科学社会主义理论逻辑和中国社会发展历史逻辑的辩证统一，是根植于中国大地、反映中国人民意愿、适应中国和时代发展进步要求的科学社会主义，是全面建成小康社会、加快推进社会主义现代化、实现中华民族伟大复兴的必由之路。"[①] 我们要构建能有力迈步中国道路的信念体系，就必须毫不动摇地坚持和发展中国特色社会主义，必须坚定走稳走实中国道路的信念，坚定不移地走中国特色社会主义道路。

坚定走稳走实中国道路的信念，首先就要对这条道路形成的历史过程和取得的伟大成就有深刻的认识。只有深刻认识了这条道路的历史和成就，对这条道路凝聚了坚定的信念，我们才能不为任何风险所惧，不为任何干扰所惑，坚定地沿着这一伟大道路奋勇直前。党的十八大报告对中国特色社会主义道路做了深刻的阐释："中国特色社会主义道路，就是在中国共产党领导下，立足基本国情，以经济建设为中心，坚持四项基本原则，坚持改革开放，解放和发展社会生产力，建设社会主义市场经济、社会主义民主政治、社会主义先进文化、社会主义和谐社

---

① 《习近平谈治国理政》，外文出版社2014年版，第21页。

会、社会主义生态文明，促进人的全面发展，逐步实现全体人民共同富裕，建设富强民主文明和谐的社会主义现代化国家。"中国特色社会主义道路是一条中国共产党领导全国人民长期探索、接力奋斗、继往开来的伟大道路，是一条符合中国国情、符合时代要求的科学道路，是一条为改革开放以来的伟大实践证明了的正确的道路，是一条实现中华民族伟大复兴中国梦的必由之路。

坚定走稳走实中国道路的信念，不仅要从这条道路的伟大征程和辉煌成就中坚定信念，也要从道路的科学内涵和基本特征中坚定信念。中国特色社会主义道路，是科学社会主义基本原则与中国实际和时代特征相结合的产物，它以科学的社会主义为思想理论基础，从中国实际和时代特征出发，建立在正确认识人类社会发展规律、社会主义建设规律和共产党执政规律的基础之上，是科学的社会主义。"中国特色社会主义道路具有鲜明的实践特色、理论特色、民族特色、时代特色。中国特色社会主义道路以当代中国改革开放的伟大实践为基础，在实践中逐步形成并不断丰富发展，又在实践中接受检验并显示出蓬勃的生机活力，具有深厚的实践基础和鲜明的实践特色。中国特色社会主义道路深深根植于中国大地，深深熔铸于民族的生命力、创造力和凝聚力之中，从民族智慧和民族精神中获取丰厚的营养，深深地打上了中国的烙印，体现出鲜明的中国风格、中国气派和民族特色。中国特色社会主义道路是中国共产党领导中国人民，在总结国内外社会主义兴衰成败的历史经验教训并借鉴人类文明发展的优秀成果基础上，开辟出来的一条实现中华民族伟大复兴的必由之路。它顺应时代潮流，紧扣时代主题，体现时代精神，回应时代挑战，始终与时代发展同步伐，与人类文明共进步，具有鲜活的时代气息和鲜明的时代特色。"①

自信不是自满，面向未来，我们要坚定走稳走实中国道路的信念，要坚持从我国国情出发，在实践中不断拓展中国道路。自信不是自我僵化，在未来的征程中，我们还必须不断进行理论创新和实践创新，进行许多具有新的历史特点的伟大斗争。"党的十八大以来，以习近平同志为总书记的党中央深刻把握世情、国情、党情的新变化，尤其是从我国国情出发，明确提出了实现中华民族伟大复兴的中国梦和协调推进'四个全面'战略布局。中国梦使中国道路前进目标更加清晰，协调推进'四个全面'战略布局全方位地巩固和发展了中国道路这条实现中国梦的伟大道路。只要我们坚持道路自信，中国道路必将越走越宽广。"②

二 构建能有力表达中国道路的文化、价值体系

道路是人类文明进程的产物，近代以来，中国道路的建设取得了举世瞩目的成就，中国模式的崛起，已经成为 21 世纪全球

---

① 林培雄、赵周贤、刘光明：《道路自信从何而来?》，《求是》2013 年第 2 期。
② 唐雁洲：《从"国情"视角看中国道路　独特国情决定独特道路》，《人民日报》2015 年 5 月 15 日。

重点关注的历史大事件，中国道路的成功秘诀和身份密码，是当代中国对世界的重大贡献。随着中国经济实力和国际影响力不断提升，我们在关注中国道路给中国和世界带来巨大发展的同时，也需要积极构建有力表达中国道路的文化、价值体系，实现现代中国强有力的发声，使中国在国际舞台上更好地展现自己。21 世纪以来，随着中国的大国崛起和文明复兴，构建能有力表达中国道路的文化、价值体系，对中国道路的发展和中国道路国际话语权的提升具有重大的意义。

中国道路文化源远流长，它秉承着文明的进程，连接着文明的通道，构建能有力表达中国道路的文化、价值体系，不仅有利于传承和弘扬优秀的中华传统文化，增强民族自信心和凝聚力，还有利于中国道德的拓展，促进全面建成小康社会，实现中华民族伟大复兴的中国梦，提升中国道路国际话语表达。在构建能有力表达中国道路的文化、价值体系过程中，我们要树立正确的方向引导、凝聚强大的民族精神，提供丰富的思想资源、激发积极向上的力量，提供宽广的道路拓展、彰显精彩的中国故事。

（一）树立方向引导、凝聚民族精神

构建能有力表达中国道路的文化、价值体系，需要树立正确的方向引导、凝聚强大的民族精神，中国道路的方向就是在中国共产党的领导下，坚持中国特色社会主义道路的发展，坚持先进文化的前进方向，高举科学发展观的伟大旗帜，坚持社会主义核心价值体系。在中国共产党的领导下，坚持走中国特色社会主义的发展道路，就是要立足国情，以经济建设为中心，坚持四项基本原则，坚持改革开放，解放和发展社会生产力，巩固和完善社会主义制度，建设社会主义市场经济、社会主义民主政治、社会主义先进文化、社会主义和谐社会，建设富强民主文明和谐的社会主义现代化国家。中国特色社会主义发展道路体现了党在社会主义初级阶段的基本路线、基本纲领，它以建设一个富强、民主、文明、和谐的社会主义现代化国家为明确目标，以坚持"一个中心，两个基本点"为基本路线，以经济建设、政治建设、文化建设和社会建设为具体方向，为我国特色社会主义的发展指明了道路和方向。

首先，树立正确的方向引导、凝聚强大的民族精神，构建能有力表达中国道路的文化、价值体系，需要坚定不移地坚持中国共产党的领导。中国共产党作为社会主义事业的领导核心，是经过长期艰苦卓绝的努力并付出巨大的牺牲确定的，既是人民的选择，也是历史的选择。只有坚持中国共产党的领导，社会主义的建设才能始终保持现代化的发展方向，才能更好地维护国家的统一和民族的团结，并为社会主义现代化建设创造稳定的社会环境，也才能最充分、最广泛地调动一切积极因素搞好社会主义现代化建设。多年来，中国共产党在漫长而曲折的发展历程中，始终牢固树立以马克思列宁主义、毛泽东思想、邓小平理论、"三个代表"重要思想、科学发展观作为自己行动指南的指导思想，把坚持全心全意为人民服务作为自己的宗旨，始终把维护好、实现好、发展好人民群众的根本利益作为一切工作的出发点和落脚点，带领中国人民坚定不移地高举中国特色社会主义旗帜，走中国特色社会主义道路，使我国综合国力日益强盛，经济迅速发展，政治和谐稳定，社会全面进步，民族空前团结，各项事业兴旺发达，人民生活幸福安康。所以在发展中国特色社会主义道路上，我们必须首先坚持中国共产党的领导，只有坚持中国共产党的领导，我们中国960万平方公里的领土才能永远统一完整，我们华夏56个民族才能更加团结和睦，我们13亿中华儿女才能更好更幸福地生活，我们才能早日实现中华民族伟大复兴的中国梦。

其次，树立正确的方向引导、凝聚强大的民族精神，构建能有力表达中国道路的文化、价值体系，需要坚持以社会主义核心价值观为核心。社会主义核心价值体系是我国的兴国之魂，决定着中国特色社会主义的性质，引领着中国特色社会主义的发展方向。社会主义核心价值体系是中国特色社会主义建设的"灵魂工程"，是中国特色社会主义的本质体现，确保中国特色社会主义的发展方向；社会主义核心价值体系是中国特色社会主义建设的"基础工程"，为中国特色社会主义道路的建设打牢思想基础，凝聚社会共识；社会主义核心价值体系是中国特色社会主义建设的"动力工程"，激发着中国特色社会主义道路建设的创造活力，坚定走中国特色社会主义发展道路的理想信念；社会主义核心价值体系是中国特色社会主义建设的"战略工程"，可以提高中国文化软实力，增强中华文化的国际影响力。[①]

---

① 郝永平、黄相怀：《引领中国特色社会主义的发展方向——论社会主义核心价值体系的地位和作用》，《求是》2013年3月1日。

随着中国改革开放的发展，社会主义市场经济不断深化，面对经济日益全球化、国际政治日益多极化、文化日益多元化的挑战，我们必须坚持在中国共产党的领导下，坚持以社会主义核心价值体系引领社会思潮，尊重差异、包容多样，扩大社会的思想共识，把全民族的力量和智慧凝聚到建设社会主义和谐社会的伟大事业中来。

（二）提供思想资源、激发向上力量

构建能有力表达中国道路的文化、价值体系，需要提供丰富的思想资源，激发积极向上的力量。思想及思想建设对于一个民族、国家极为重要，"党的十八大以来，以习近平为总书记的党中央围绕加强文化建设、振奋起全民族的'精气神'，提出了一系列新思想。概括起来主要包括四个方面：加强正面宣传，弘扬主旋律，紧紧扭住中华民族伟大复兴这个主题，激活和传递正能量；增强阵地意识，有理有利有节开展舆论斗争，帮助干部群众划分是非界限、澄清模糊认识；合规律、接地气，提高宣传思想文化工作的质量和水平，增强思想文化的吸引力和感染力；提高国际话语权，讲好中国故事、传播好中国声音、阐释好中国特色。"① 党的十八大开启了全党全国各族人民为全面建成小康社会、实现中华民族伟大复兴的中国梦而团结奋斗的新征程，面对艰巨繁重的国内改革发展稳定任务和复杂多变

---

① 郭如才：《振奋起全民族的"精气神"——十八大以来中央关于思想文化建设的新思想》，《党的文献》2015 年第 4 期。

的国际形势。要在具有许多新的历史特点的伟大斗争中不断取得新的胜利，就必须巩固马克思主义意识形态领域的指导作用，巩固全党全国各族人民团结奋斗的共同理想，振奋起全民族的"精气神"。

首先，提供丰富的思想资源、激发积极向上的力量，构建能有力表达中国道路的文化、价值体系，需要紧紧扭住中华民族伟大复兴这个主题，激活和传递正能量。习近平总书记指出，实现中国梦必须围绕经济建设这个中心，弘扬中华民族的伟大精神，紧紧扭住中华民族伟大复兴这个主题，把思想文化建设与中国梦紧紧联系起来，为文化建设赋予新使命，坚持巩固壮大主流思想舆论，弘扬主旋律，传递正能量，激发全社会团结奋进的强大力量。紧紧扭住中华民族伟大复兴这一主题，为构建能有力表达中国道路的文化、价值体系提供丰富的思想资源，需要加强社会主义核心价值观的培育和弘扬，为中国梦的实现夯实价值基础，也需要加强社会主义思想道德建设，为中国梦凝聚起坚实的道德基础，更需要努力创作更多无愧于时代的作品，用富有时代气息的中国精神凝聚中国力量。

其次，提供丰富的思想资源、激发积极向上的力量，构建能有力表达中国道路的文化、价值体系，需要紧紧抓住中国共产党的思想建设不放松，形成和激发积极向上的力量。从思想上建党，是马克思主义党建学说的一条重要原则。党的思想建设始终是党的建设的首要任务，是带动其他方面建设的根本性建设，加强和改进党的思想理论建设对提高党的执政能力，促进中国特色社会主义建设具有特别重要的意义。加强党的思想理论建设，切实将党的思想理论建设放在首位，才能充分调动广大人民群众的积极性，团结和带领广大人民群众为实现全面建成小康社会、全面实现中华民族伟大复兴中国梦的宏伟目标而共同奋斗。加强党的思想理论建设，归根到底，是为了提高党的执政理念，增强党的执政能力，完成党的政治任务，以思想理论建设的新成果，为构建能有力表达中国道路的文化、价值体系提供丰富的思想资源，激发积极向上的正能量。

（三）促进道路拓展、彰显中国故事

构建能有力表达中国道路的文化、价值体系，需要拓展更宽广的中国道路，彰显更精彩的中国故事。社会发展的新形式赋予了中国道路新的内涵，并要求中国道路增添新的内容。党的十八大以来，中国道路在延伸、在拓展，中国道路的发展仍属于进行时。习近平总书记在"七一"讲话中指出，中国特色社会主义道路的发展要"不忘初心，继续前进"。党的十八大以来，中国道路以实现"两个一百年"和民族复兴为奋斗目标进一步明确。现阶段，中国共产党所有的理论和实践，都紧紧围绕着实现这个总目标而展开，以完成建设中国特色社会主义的主要任务：到2020中国共产党成立100年时实现第一个百年奋斗目标、全面建成小康社会，为到21世纪中叶中华人民共和国成立100周年时实现第二个百年奋斗目标、建成富强民主文明和谐的社会主义现代化国家打下坚实基础。

首先，构建能有力表达中国道路的文化、价值体系，需要促进中国道路拓展，需要以坚持和发展中国特色社会主义为总

遵循，对中国道路的丰富内涵进一步展开。新形势下，实现中华民族的伟大复兴，根本问题仍然是走什么道路的问题，在任何情况下，任何新思想新理念新战略都是围绕道路这一主题而开展、丰富和深化的；促进中国道路更宽广的拓展，需要以坚持人民为中心的发展思想为总原则，对中国道路的价值底蕴进一步强化，治国理政的各项成效，都要坚持以人民为中心，得到人民的高度认可，是党战胜一切困难和风险的根本保证；促进中国道路更宽广的拓展，要以"四个全面"战略布局为总方略，对中国道路的实践纲领进一步深化，"四个全面"确立了开创中国特色社会主义新局面的指导战略，续写了中国特色社会主义新篇章的行动纲领，推动了伟大的新斗争；促进中国道路更宽广的拓展，要以新发展理念为总要求，对中国道路的发展准则进一步提升，依靠创新发展、协调发展、绿色发展、开放发展、共享发展，以解决发展动力、发展矛盾、发展永续、发展开放的问题，是中国道路能获得真正受益的发展；促进中国道路更宽广的拓展，要以五位一体为总布局，对中国道路的具体领域进一步完善；促进中国道路更宽广的拓展，还要以国防安全、国家安全、国际安全为总安全，进一步巩固中国道路的保障体系。

其次，构建能有力表达中国道路的文化、价值体系，需要彰显精彩的中国故事，讲好中国故事，传播好中国声音。习近平总书记指出，讲好中国故事是时代使命。讲好中国故事，是在全面建设小康社会过程中表达自我的行为，具有深远的时代内涵和全球意义，是为了建立融通中外的中国道路国际话语权体系。

讲好中国故事，首要的就是讲好中国发展故事及其背后的发展理念，阐释好中国特色，介绍好中国的现实情况和未来走向；讲好中国故事，要深化中国梦的对外宣传，以中国梦为引领讲好中国故事，中国梦是开放、包容、合作、共赢的梦，实现中华民族伟大复兴的中国梦，是当代中国最精彩、最宏大的故事；讲好中国故事，要加强建设国际传播能力，传播好中国声音，需要打造国际一流媒体，创新"走出去"方式，加强顶层设计，整合各方力量，使全社会共同参与；讲好中国故事，需要加强中国道路国际话语体系建设，着力打造融通中外的新概念新范畴新表达。

促进中国道路更宽广的拓展、彰显中国更精彩的故事，一方面要坚持和发展中华文化、价值观这一中华民族的精神追求、精神基因和精神标识，坚持中国特色社会主义道路，坚持中国共产党的领导，以中国特色社会主义核心价值观为核心，在对外传播中充分体现我们自己的价值理念、实际情况和立场主张，构建能有力表达中国道路的文化、价值体系；另一方面，在拓展中国道路、彰显中国故事的过程中，要以"美人之美、美美与共"的开放包容姿态，积极而客观地反映中国对人类共同命运和全球事务的认识、思考和担当，多反映中国与其他国家的利益交汇点、话语共同点，多贴近外国受众的语言习惯和思维习惯，用世界的语言和思维为自己构建能有力表达中国道路的文化、价值体系。此外，在促进中国道路拓展、彰显中国故事的时候，我们要解放思想、拓展视野、海纳百川、兼收并蓄，积极学习借鉴国外有益的文明成果，不断丰富我们党的概念范畴表达，

使我们构建的能有力表达中国道路的文化、价值体系，更好地
与世界话语体系相融相通。

三　构建能有力阐释中国道路的
　　学术话语体系

在全球化时代的今天，中国的道路发展问题已然成为一个世
界性命题。中国道路与国际秩序变革有着天然的联系，中国的
和平发展被视为世界秩序的重要影响力量，在中国道路的探索
中，构建新型国家关系是当代中国一个重要的课题。中国道路
的发展，一方面为发展中国家提供了一种有别于西方发展道路
的选择，为人类发展的探索提供了有益的启示；另一方面，也向
国际社会展示了中国对于发展的理解，向世界贡献了自己的发
展路径和经验。所以构建中国道路话语权的学术体系，向世界
讲好中国故事，是国际社会发展历史性、世界性的必然要求，也
是中国在重塑世界秩序中有力地提出自己的见解，逐步加强国
际秩序建设的议置能力的重要体现。

党的十八大以来，中国已经进入了全面深化改革开放的新时
期，对中国道路的探索也进入了新的历史时期。中国特色社会
主义道路，对转型国家在发展道路的探索与选择无疑具有典型
的价值与意义。构建中国道路学术话语体系，我们需要关注中
国道路政治表述和学术表述的关系。要增强学术表达的自觉性，
既要立足于当代中国的时代特征，提出正确和准确的学术概念，
又要立足于中国生发的文化语境和世界思想文化前沿，表述有

中国特色、世界意义的中国道路故事，还要立足于当代的根本问题和发展趋势，建立起具有中国特色风格气派的学术话语体系。

（一）立足于当代中国的时代特征

构建能有力阐释中国道路的学术话语体系，必须要立足于当代中国的时代特征，提出正确和准确性的学术表达概念，增强学术表达的自觉性。一个国家的发展道路能不能取得成功，一个国家的学术话语体系能不能有力阐释其发展道路，取决于是否能够把握时代特征、顺应时代潮流。社会历史发展是主体性和客体性的辩证统一，马克思说："人们自己创造的历史，但是他们并不是随心所欲地创造，并不是在他们自己选定的条件下创造，而是在直接碰到的、既定的、从过去承继下来的条件下创造。"① 中国道路的成功正是中国人民在这种"碰到的、既定的、从过去继承下来的条件下"自己选择、自我设计、自己建构的结果，是符合社会发展的主体性和客体性的辩证统一的。所以，构建顺应时代潮流特征的中国道路的学术话语权能否有力地对中国道路进行阐述，就必然取决于学术话语体系能否把握时代特征、顺应时代潮流。

当今时代，中国实现了政治上的和平崛起、国际影响力日益增强，经济上坚持全面深化改革，实现了经济的软着陆；中西方文化交流频繁，民族文化走向世界，在加强与发展中国家的合

---

① 《马克思恩格斯选集》第 1 卷，人民出版社 1972 年版，第 603 页。

作与援助的同时，也和经济发达地区开展深层次的交流和发展。和平、发展、合作、共赢已成为了时代的主题，经济全球化和世界多极化深入发展，形成了全球性的政治交往、经济交往、文化交往。在经济全球化的背景下，各国之间的交往可以说既有竞争又有合作，既有矛盾又有对话，相互之间的利益融汇点日益增多，越来越成为利益共同体、命运共同体。在此背景下，习近平总书记提出的"求和平、谋发展、促合作、图共赢"，"建立利益共享的全球价值链，实现互利共赢的发展"，越来越成为世界各国人民的共同愿景和价值共识。

构建能有力阐释中国道路的学术话语体系，要立足当代中国的时代特征，一定程度上来说就是要立足于中国道路的时代特征。中国道路之所以能够成功，之所以充满着自信，就在于它把握住了中国和这个时代的特征，客观反映了这种时代的潮流。其一，中国特色社会主义道路是和平发展之路，它具有强大的生命力。中华民族历来热爱和平，内求和谐，外求协和。中国道路发展到今天，始终高举和平发展的旗帜，倡导构建和谐世界。其二，中国特色社会主义道路是改革开放之路，始终与时偕行。改革开放的伟大实践，体现的是以改革创新为核心的时代精神，中国道路就是在改革创新的实践中开拓的。其三，中国特色社会主义道路是共生合作发展之路。中国道路的发展，在追求本国利益的同时也兼顾其他国家的合理关切，坚持差异中求共生，经济上求合作。总之，中国特色社会主义道路紧紧把握时代特征，顺应时代潮流，所以构建能有力阐释中国道路的学术话语体系，也要紧紧把握中国道路的时代特征，以构建出独具中国特色、中国风格的话语体系。

构建能有力阐释中国道路的学术话语体系，必须立足于中国的时代特征，也要超越"西方中心论"。学术界认为，中国在世界学术界的"失语"现象十分明显，中国国际话语权的"失语"现象较为突出，西方人习惯用自己的视角去解读中国。在中国综合实力已有较大提高的今天，在国际社会现有语境和逻辑下，积极争取更多的话语权，这是中国应对西方国家主导国际体系的一种诉求。立足于中国当代的时代特征，积极参与国际竞争，构建能有力阐释中国道路的学术话语体系，我们不应仅仅对西方立场作出被动回应，还要突破国际话语体系的"西方中心论"，打造自己的价值立场话语体系和公共产品，积极参与文明间的对话和交流，从科学的世界历史观角度认识和把握国际话语权的构建，正确回应时代问题的挑战，建构具有中国风格、中国气派的中国道路学术话语体系，反映经济全球化、世界多样化、价值多元化背景下独特的中国智慧，讲好中国道路特有的精彩故事。

（二）立足于中国生发的文化语境和世界思想文化前沿

构建能有力阐释中国道路的学术话语体系，要立足于中国生发的文化语境和世界思想文化前沿，构建全球背景下社会主义先进思想文化，将中国优秀传统文化推向世界，并影响世界。改革开放以后，我国就提出了"让世界了解中国，让中国走向世界"的命题。经过30多年的发展，我国国际话语权也取得了显著的成绩，但中国文化发展长期"窝"在国内，在外步履维艰，中国难以在世界上树立起应该有的大国形象。现在的中国经济总量是美国的一半以上，但世界市场的文化产业却不足美国的10%。在世界日益全球化的今天，中国要构建能有力阐释中国道路的学术话语体系，就必须立足于中国生发的文化语境和世界思想文化前沿，让中国文化走出去，用中国文化承载起我们的思想观念与价值追求，如此才能真正体现中国文化的软实力，提升我国的国际话语权。

首先，立足于中国生发的文化语境和世界思想的文化前沿，就必须准确把握生发于中国的优秀传统文化，并为中国文化找到适合当代的国际语境。党的十八大报告指出，我们要开创中国文化国际影响力不断增强的新局面，其中中国优秀传统文化怎么样走出去是一个重要的问题，建设社会主义文化强国，关键是增强全民族的文化创造活力。一个国家的文化软实力是从自身文化自觉出发，由本身文化的优越性形成文化自信，最后达到文化自强。纵向上看这是一种文化传承，横向上来讲这是一种多元文明的融合，而文化传承和文明融合的落脚点就是增强我们的文化创造力，并找到合适的文化国际语境。构建能有力阐释中国道路的学术话语体系，讲好中国故事，亟须以中国文化去影响世界。中国要走出去，首先应该是文化先走出去，只有让中国文化走出去，用中国文化承载起中国人的思想观念和价值追求，才能客观全面地体现中国文化的软实力。

习近平总书记指出，要讲好中国故事，传播好中国声音，在世界范围内传播中国的文化。现在全国人民都面临着怎样讲好中国故事这一共同话题。要讲好中国故事，就不可避免地要接受现代化语境和国际化表达的挑战。中华民族有着悠久的历史和灿烂的文明，我们今天不断强调要讲好中国故事，肯定要挖掘这些宝藏，这其中包含对中华传统与经典的演绎与改编，重访这些优秀传统与经典中的人类共同价值，揣摩并捕捉其中的时代焦点、社会热点和大众视点，叩问中华文明在不断发展变化的历史中，如何保持并散发其鲜活的生命力。我们经常看到国外戏剧文学改编的佳作或电影，总能重新焕发出青春魅力，走俏市场，中国的艺术家当然也不乏努力，但难以迈开走向世界的步伐，究其原因，我们在讨论怎样讲好中国故事的同时，在现代化语境和国家化的表达方面做得还不够。讲好中国故事，在立足于中国生发的文化语境的同时也要在现代化的语境进行，也只有国际化的表达，才能影响世界。①

其次，立足于中国生发的文化语境和世界思想文化前沿，必须通过丰富多彩的中国文化产品，构建全球化背景下先进的社会主义思想文化。文化作为一个国家的软实力、一个民族的精神力量，是构成综合国力的一个重要因素，直接关系到一个国家的国际影响力、国际竞争力和国际地位。构建能有力阐释中国道路的学术话语体系，通过丰富多彩的文化产品，构建先进的社会主义思想文化，提升中国的软实力、增强中国在国际上的话语权，就是要以中国人的主流文化产品作为桥梁，把中国的文化和价值观传播出去，让其他国家更好更全面地了解中国，

---

① 陈圣来：《现代语境与国际表达：中国文化面临的挑战》，《文汇报》2016 年 3 月 25 日。

一方面有利于形成对中国发展有利的国际环境，另一方面能为中国道路的国际发声创造良好的舆论环境。

（三）立足于当代的根本问题和发展趋势

构建能有力阐释中国道路的学术话语体系，要立足于当代的根本问题和发展趋势，客观认识中国道路国际话语权构建过程中存在的主要困难与挑战，根据国内外具体情况，构建能有力阐释中国道路的学术话语体系。"作为一个现代性问题的文化话语权问题，首先是由西方的现代化运动催生的。肇始于西方工业革命、市场拓展和殖民扩张的西方自由主义文化，逐步成为西方现代性的主流话语系统，并借助现代化的力量和优势迅速向全世界渗透，成为主导整个现代文明世界的话语。"[①] 全球化是当今时代的一个重要特征，在全球化的大背景下，世界各国之间的各种理念相互碰撞，各种利益磨合及制度之争都不同程度地在各地上演。许多国家为应对全球化挑战，抓紧抢占国家先机，加紧国家话语体系的建构和重塑，频频推出新举措和新理念，目标都指向抢占国际话语权的制高点。在全球化背景下，在中国实现全面改革的举措下，中国的经济、政治、社会等各方面都发生了巨大的变化，国际影响力也逐步提高，但中国的国际话语权并没有得到相应的提升，构建中国道路的国际学术话语体系面临现实的挑战。

首先，总的来说，构建能有力阐释中国道路的学术话语体系

---

① 万俊人：《用中国学术话语体系诠释中国现代性》，《人民日报》2012 年 9 月 3 日。

主要面临着两方面的国际政治背景挑战。第一，以美国为首的西方国家控制国际话语霸权的局面在短时间内不会发生根本性改变。当前，以美国为首的西方国家的话语体系，仿佛成为现代世界唯一通行的话语体系标准，不仅操控着各种国际对话，而且常常操控或者试图操控各民族国家、各区域或各国际组织的话语系统，以此来推行甚至强加其信仰体系和价值理念。一个国家的综合国力，文化和语言传播能力是影响国际话语权的重要因素，以美国为首的西方国家凭借其经济、科技、政治、军事和媒体传播的优势，对其他国家大力传播甚至强加自己的文化和价值观，长期控制甚至垄断着国际话语权，对其他国家进行排挤和压制，影响了国际政治经济文化政策秩序的运行。第二，国际话语权的分配在世界范围内正发生着深刻的变化。随着国际政治经济格局的深刻变化，新兴国家正在逐渐崛起，他们期望改变国际话语权体现的现有格局，在各新兴国家纷纷提出符合自己利益和能力的话语诉求下，国际话语权的分配也在进行着相应的重组。

其次，对当前中国自身来说，中国道路学术话语体系构建也存在着三个问题。第一，中国国际话语设置尚未形成一个有机协调、高效运转的系统，统领性不强。一直以来，中国在国际传播事务上设计部门较多，而且行政层级化的模式不利于沟通和协调，难以形成合力。第二，在国际传播中，中国媒体习惯于被动跟随国际强势媒体，议题设置能力不强，特别是对一些重大国际问题，对国际社会的关切度不够明朗，难以影响、引导国际舆论。第三，话语传播模式的创新性不够，叙事方式不够成熟，话语传播体系不够完善，在国际交流中的说教色彩浓，简单僵硬，空泛直白。另外，在中国国际话语构建过程中，对新媒体的认识不够，研究不多，重视不够。①

　　中国道路历来不是封闭的、僵化的，而是开放的、发展的。立足于国际国内的根本问题和发展趋势，探索 21 世纪中国道路学术话语体系的构建必然是在开放、发展背景下，以马克思主义理论为指导，破解当代中国道路学术话语体系理论和实践发展中的重大问题，以国际性、发展性视野构建能有力阐释中国道路的学术话语体系，这也是树立文化、价值观自信，提升中国道路国际话语表达体系的重要元素。

---

① 胡正荣、李继东：《如何构建中国话语权》，《人民日报》2014 年 11 月 17 日。

第六章 文化、价值观与中国道路国际话语权的提升路径

近年来，树立文化、价值观自信与提升中国道路国际话语权已成为学术界关注的热点话题。中国有着五千年文明沉淀的丰富文化资源，应当充分利用这些文化资本，促使文化贸易逆差局面得到改变，推动"中国智造"战略的加快实施，使中国文化更好地走出去，向世界传播好中国声音，使中国的和平崛起赢得世界人民的认同。

在提升中国道路国际话语权的道路上，我们要坚定文化、价值观自信，坚持国家文化和价值观走出去战略，对中国文化和价值观念及其思想产品进行包装、传递与推广，提升中国道路国际话语的质量，提升中国道路话语表达的力度与精准度。同时，我们还要注重建构扩大国际话语权的多元传播平台与渠道，创新对外宣传的方式方法，以开放包容的姿态学习借鉴他国的先进经验，构建具有中国特色、中国风格、中国气派的国际话语权。

一　坚持国家文化和价值观走出去战略

让中国文化和价值观走出去，不为同化他人，而是为了与他人分享，并在相互的学习与吸收中让世界文明更加繁荣和进步。坚持国家文化和价值观走出去，既是文化自信和自觉的集中体现，也是实现中华民族伟大复兴中国梦的必然要求，更是建设和谐世界的巨大推动力。坚持中国文化和价值观走出去，需要对中国的文化和价值观念及其思想产品进行包装、传递与推广，在实现中国文化和价值观走出去的过程中，实现中国文化和价值观念与世界其他文化和价值观的交流与互嵌，在相互的学习与吸收中共同促进人类文明的繁荣与发展。

（一）对中国的文化和价值观念及其思想产品进行包装

文化和价值观念能不能走出去，还要看文化和价值观念的内容有没有吸引力，能不能得到其他文化体系的认同，中国文化和价值观念"在走出去之前，要先想想我们文化本身是不是具备走出去的前提条件"。因此在坚持中国文化和价值观走出去战略时，要重视中国文化和价值观建设，增强文化和价值观实力，对中国文化和价值观念及其思想产品进行包装，使走出去的文化和价值观更具吸引力、穿透力。

坚持中国文化和价值观走出去战略，就要对中国的文化和价值观念及其思想产品进行包装，其中中国的国家形象片是最有吸引力的"中国"品牌广告。自2008年北京奥运会以来，中国一直注重国际形象的塑造，大力发展自身文化软实力，并投入数十亿美元资金在世界各地兴建孔子学院，教授中文并宣传中国文化，以此改善中国的海外形象，同时陆续在国际主流媒体上播出中国国家形象片，向世界递出我国一张又一张名片。中国国家形象片可以看作是对"中国"这个品牌的传播，是对中国做的广告包装，而"中国"这个国家品牌是主题广告品牌，其内涵可以包括"中国文化"、"中国价值观"、"中国道路"、"中国山水"、"中国电影"、"中国饮食"，还可以是任何一位"中国人"，等等。无论是中国政府，还是中国文学界、学术界、科技界、影视娱乐界，都希望将中国优秀传统文化和价值观念传播到国外去①，塑造极具吸引力的"中国"品牌广告，树立中国良好的国际形象，增强中国文化和价值观的吸引力，促进中国文化和价值观念的传播。

坚持中国文化和价值观念走出去战略，对中国的文化和价值观念及其思想产品进行包装，就是要在走出去之前在国内培育中国文化和价值观的品牌、培养对外人才。当前，我国的文化产业还处于起步阶段，还缺乏大量具有国际视野和专业能力的文化产业人，需要通过各种教育培养平台，培养专业的文化产业人，对我国的文化和价值观念及其思想产品进行包装，增强其国际吸引力，从人力资源和文化产品产出上保障我国文化和价值观走出去战略的顺利推进。只有当我们的文化产业企业具备了国际化运作能力，才能在世界文化市场上拥有一席之地，才

---

① 王建宁：《中国文化传播的几点思考》，《世纪桥》2011 年第 17 期。

能真正推出既具有中国特色又具有国际吸引力的文化、价值观思想产品。

　　坚持中国文化和价值观走出去战略，对中国的文化和价值观念及其思想产品进行包装，就是要形成具有中国特色的文化价值体系。当前的中国文化是一种"纠结状态"的文化——既有具有两千多年历史的中华传统文化，也有明清以来开始传入中国并且现在仍在传入的西方文化，还有近百年的革命文化。三种文化的出发点不同，又同时存在于当代中国并各自拥有广泛的影响力。世界上没有一个国家有如此复杂的文化纠结现象，这三种文化如何取舍，如何融合，从而形成具有当代中国特色的文化价值体系和文化价值理念，是中国文化能否走出去的一个根本性问题。因为当你向别人宣扬你的文化时，你首先要告诉人家你的文化到底是什么。所以，我们在坚持中国文化和价值观走出去的战略中，要试图构建起以中华传统文化为基础，区别于欧美西方国家文化的具有中国特色的文化价值体系，并以此对中国的文化和价值观念及其产品进行包装，吸收世界各国优秀的文化元素，完成优秀传统文化和当下文化的有机结合。

（二）对中国的文化和价值观念及其思想产品进行传递与推广

　　一个国家的义化在国际社会中的影响力和竞争力，是衡量这个国家文化软实力的重要指标。而一个国家的文化影响力，不仅取决于其内容是否具有独特魅力，而且取决于是否有先进的传播手段和强大的传播能力。进入 21 世纪，经济全球化不断发展，文化全球化的浪潮更是势不可挡。在文化全球化的国际大背景下，我国的文化和价值观念传播有了更大的发展空间。目前，我国正处于重要的历史机遇期，实现中华民族的伟大复兴，振兴中华文化，传播中华文明、积极传递与推广中国的文化和价值观念及其思想产品是民族复兴的重大任务和战略课题。

中华民族传统文化博大精深，内涵丰富，有着鲜明的中国特色和民族特点。受中国民族特色的影响，中国文化是一种较具有人情味的文化，是一种感性的文化，具有较强的融合力和感染力。中国文化的形成发展过程，就是生活在中华大地上各民族文化融合的过程，历史上许多的"外族"文化进入中国最终都被同化，并在原文化的基础上加以发展，成为极具生命力和新特色的文化。

全球化为文化的发展与传播提供了便利条件，交通通讯的便利更让文化的传递与推广变得更加方便。用现代化的包装手法对中国文化和价值观进行包装与传播，在展现中华民族传统文化的独有魅力的同时，也要充分利用大众传媒的力量对中国文化和价值观念及其产品进行传递与推广。中国文化和价值观念及其产品主要通过以下几个途径进行传递与推广：第一，通过文学途径传递与推广。在中国传统教育中，传承以孔子、孟子为代表的儒家文化，是整个教育中不可或缺的部分，编写更多适合于不同国家文化背景的中国文化经典故事，促使中国传统文化向更大范围传播。第二，通过教育途径传递与推广。以海外孔子学院为代表的教育机构，运用中国传统文化的家族、师徒式的传承方式进行传播与授教，使中国文化的世界观、价值观融入世界人民的生活中，从而传播中国精神与中国文化。第三，通过文化交流活动途径传递与推广。"古老的中国"、"多彩的中国"、"现代的中国"、"中国文化年"、"中印友好年"、"中国意大利年"、"感知中国·韩国行"等盛大的主题中国文化年在世界各地举办，这些活动运用创新的商业模式铸造中国文化品牌，展示中国文化的方方面面，使中国文化焕发出新的活力。此外，还有影视作品、艺术作品、文艺表演形式等途径的传播与推广，使中国本土特色与国际接轨，进行中国文化与价值观念及其思想产品的传播。

坚持中国文化和价值观走出去战略，加强对中国文化和价值观念及其思想产品进行传递和推广的同时，还应该对传播形式进行创新，采取符合国际文化传播的话语方式，实现多模态、多媒体文化传播的模式。充分利用网络、电视、电影等传播媒介的作用，充分利用外交、商务、体育、展会等传播平台的作用，充分重视民间组织在国际文化中的交流作用，积极拓展创造文化和价值观的交流形式，使中国文化和价值观念及其思想产品的传递与推广达到事半功倍的效果。另外，还应该采用各种措施积极充分利用国际化平台，提高文化产业的营销力度，增强营销实效，针对不同国家民族地区的文化习惯和价值理念，采取不同的营销策略，提高文化产品营销的针对性和有效性。

（三）实现中国文化和价值观念与世界其他文化和价值观的交流与互嵌

国家之间的文化和价值观念的传播，是不同文化和价值观体系之间的相互交流与融入。由于国家性质和国家理念不同，在这个过程中不可避免地存在文化差异、思维差异、语言差异等，因此，在坚持国家文化和价值观走出去战略中要有针对性、讲究策略，应当尊重国际文化传播的规律，以国外民众能够接受的方式和能够理解的语言开展文化的传播，实现中国文化和价值观念和世界其他文化和价值观念的交流与互嵌。

首先，坚持国家文化和价值观走出去战略，实现中外文化和价值观的交流与互嵌，变赶集式传播为嵌入式传播。嵌入式传播，也就是传播的内容和方式要与周围环境和传播对象密切相关，最好是交互式的，只有这样的传播才更加个性化、风格化、即时化、深入化。在全球化发展的今天，中外文化和价值观念虽然有很多矛盾的地方，但是也存在着许多交汇融通之处，不同文化和价值观念的交流使国家之间相互借鉴、吸收优良的文化传统，共同促进人类文明的进步与发展。例如，随着中国文化的大力发展与中国人民的勤奋努力，中国在很多国家建立了孔子学院，许多国外人士由此渐渐意识到中国文化的独特魅力，并逐步接受中国文化，使其成为自己生活中的一部分。同时，在中国，随着现代化的发展，中国人越来越多地受到国外文化的影响，国外文化在中国人的生活中慢慢留下深刻的烙印，比如中国近些年出现的洋节日热潮，也影响着中国人的生活方式和价值观念。世界各国的文化都有其特色，并欣欣向荣地发展，我国在与世界其他文化和价值观进行交流的时候，应该在深刻了解与认可自己国家文化的基础上，本着文化、价值观自信的原则，传播自己的优良文化，选择借鉴他国文化精华，使各国文化取长补短，促使中西文化结合，实现中国文化和价值观与世界其他文化和价值观的交流与互嵌。

其次，坚持国家文化和价值观走出去战略，实现中外文化和价值观的交流与互嵌，需要遵守以下几个原则，才能在中外文化和价值观交流与互嵌过程中，树立高度的文化自觉与文化自信，坚持社会主义先进文化的前进方向。第一，坚持民族化，理性地看待中外文化和价值观的差异；第二，坚持一元主导、多元并存，有效化解中外文化冲突；第三，鼓励和支持文化交流，推进民族文化振兴；第四，坚持社会主义先进文化的前进方向，推进建设社会主义文化强国。[①] 融合于文化的民族是相辅相成、相互促进的，在进行中外文化和价值观念的交流中，坚持文化的民族性，充分了解并虚心学习其他民族的先进文化。

中外文化交流与互嵌是一个动态的过程，它强调的不是单一的文化，而是多样性的共存的文化，所以在中外文化和价值观交流中坚持一元主导、多元并存、共同发展的原则，力争在一个更为广阔的国际语境下发展民族文化，促进中国社会的文化进步，实现社会主义文化事业的大繁荣大发展。

---

① 张凤香、韦红茹：《中外文化交流应坚守的原则》，《光明日报》2013 年 6 月 26 日。

二 提升中国道路国际话语的质量

当前，随着中国的国际话语权意识的高涨，许多的行业都发出要求提升中国国际话语权的呼声。国际话语权作为国家权利的一种表现形式，以话语为载体，有着自己内在的特性。一个国家国际话语权的大小，一方面取决于国家实力的大小，更多地取决于国家话语的质量。当今世界，拥有强大国际话语权的美国和欧洲国家，不仅因为其综合国力强大，更因为他们的话语中具有较强的逻辑性和说服力，他们话语中所包含的观念创新性引导着许多重要国际议题的设置。对于中国来说，要提升中国道路的国际话语权，不仅要注重国家实力的建设，增强我国的文化软实力，更要注重强化中国道路国际话语权的质量，努力将自己的优势观念转化为国际主流话语，增强设置国际议题和制定国际规则的能力，从根本上提升中国道路的国际话语权。

"近些年来，话语权成为了政治权利的一种越来越突出的表现方式，国际政治甚至在一定程度上成了'话语权政治'。纵观当今世界的话语权状况，大体是西方、特别是美国处于一种明显的优势地位，而包括中国在内的广大发展中国家的国际话语权则相当有限。只有从根本上加强话语质量建设，才是提升中国国际话语权的根本出路。"① 所以要提升中国道路的国际话语

---

① 张志洲：《话语质量：提升国际话语权的关键》，《红旗文稿》2010 年第 13 期。

权，就要加强中国道路话语权质量的建设，设计中国特色的理论和话语进入"元理论"层面，将中国话语从"地方性语言"提升为全球性话语，提升中国道路话语表达与阐释的力度与精准性。

（一）设计中国特色的理论和话语进入"元理论"层面

近年来，"中国崛起"、"中国道路"等引起国际社会的广泛关注，世界各界纷纷运用现有的话语体系（包括西方话语体系）对"中国崛起"、"中国道路"进行解读，都难以得出科学结论。在这样的背景下，加强中国道路国际话语质量的提升，学习借鉴人类文明的成果，设计中国特色的"元理论"层面的话语，用中国的理论研究和话语体系解读"中国崛起"、"中国道路"，不断概括出理论联系实践的、科学的、开放融通的新概念、新范畴、新表述，打造具有中国特色、中国风格、中国气派的国家话语体系，对树立文化与价值观自信和提升中国道路国际话语权具有重要的意义。

首先，设计中国特色的理论和话语进入"元理论"层面，需要树立高度的文化、价值观自觉与自信。习近平总书记强调，"中华民族创造了源远流长的中华文化，中华民族也一定能够创造出中华文化的新辉煌"。[①] 树立高度的文化、价值观自觉与自信，积极汲取传统中华文化积淀下来的宝贵精华，将中华民族

---

① 《习近平总书记系列重要讲话读本》，学习出版社、人民出版社 2014 年版，第92 页。

传统的文化特质同马克思主义中国化、党的思想理论相结合，既保持民族性，又蕴含现代性，设计中国特色的理论和话语，用中国理论回答中国问题，用中国话语解读中国道路。文化和价值观自信，具体来说，不在于自己的历史有多么悠久，不在于自己曾经为世界贡献了什么，也不在于自己的声音和国家的大小，而在于是否能用自己的话语说服他人，能否在"地球村"中为自己发声并取得信任。在全球化的时代格局下，面对各种文化和思想更加频繁的交流与碰撞，谁占据了文化发展的制高权，谁就能更好地掌握发展的主动权。

其次，设计中国特色的理论和话语进入"元理论"层面，需要消除"话语逆差"，奠定话语独立与平等对话的基础。当今世界的国际话语权"西强东弱"的基本格局，使中国道路的话语权面临着挑战。冷战时期，以"美国之音"和英国BBC为代表的西方舆论开始争夺国际话语的主导权，冷战结束后，"国际话语权"被国际社会普遍认知和广泛运用。冷战的终结被西方和世界主流舆论解读为西方政治和经济制度的胜利，以美国为首的西方国家在话语权上取得进一步的主导地位，甚至成为话语霸权国家。西方话语霸权国家掌握着设置国家议程、制定国际规则与标准、引导与塑造国际舆论的主导权，掌握着话语的绝对主动权，力图打压异己，以维护自己在世界上的主导地位。中国随着国力的日益强大，早已摆脱了历史上"落后挨打"的不利处境，现在随着中国的强势崛起，我们注重提升中国道路的国际话语权，进一步加大提升话语权的建设力度，树立文化、价值观自信，重视重大国际问题的基础理论和对策

研究，消除国际"话语逆差"，为中国道路话语权奠定了独立
与平等的基础。

再次，设计中国特色的理论和话语进入"元理论"层面，
要加强智库建设，重视重大国际问题的基础理论和对策研究。
中国在关系自己的重大国际问题上，要加强智库建设，拿出有
分量的研究成果，形成有力的话语体系，力求冲破西方国家的
话语权体系。在当今世界，美国可以说是最具有话语权的国家，
也是最重视智库建设的国家，在全世界5000多家智库中，美国
就占了1700多家，如美国外交关系委员会、传统基金会、卡耐
基国际和平基金会等，都是对美国内外政策具有重大影响力的
智库。在一定意义上可以认为，美国智库的国际话语权，就是美
国的国际话语权。设计中国特色的理论和话语，提升中国道路
的国际话语权的质量，就要注重研究和借鉴美国智库的运转方
式，依据中国的实际情况，建设具有中国特色的高水平智库，认
真梳理和研究冷战结束后出现的国际重大议题，加强基础理论
和重大实际问题的对策研究，形成自己站得住脚的话语体系和
特色理论。

（二）从"地方性语言"提升为全球性话语

习近平总书记强调，加强话语体系建设，要着力打造融通中
外的新概念、新范畴、新表达，增强在国际上的话语权，明确表
明中国国际话语体系的构建要以有效的话语方式来进行话语表
达。国际话语体系是一定思想体系和知识体系的外在表现形式，
不同的话语表达方式对不同的文化和观念的传播效果是截然迥

异的。很多时候，语言或许就是误解的开始，在国外人士眼中，中国形象的好与坏往往在故事演讲人的一词之间。在全球化日益发展的今天，中国要提升国际话语权，提升中国道路国际话语的质量，就必须理清话语表达的层次、顺序、思路，将对中国特色的表述从"地方性语言"升格为逻辑清晰、主次鲜明的全球性话语，用世界性的语言描述中国道路，用世界性的语言展现真实的自己，让世界能更直观、更好地了解自己。

首先，将中国话语权从"地方性语言"提升为全球性话语，要加强政治话语翻译的研究和创新，生动而准确地讲好"中国故事"。很多外国人的思维还停留在过去，中国的形象在他们眼中是抽象的，是落后于时代的，比如，"中国制造"虽然已经不是低端产品的代名词，但还是有很多人仍然会把中国淘汰的工艺归结到中国身上。因此政治话语的翻译，应该有一些原则，比如以自己为主，尽量做到简洁、标准化等。还有专家建议从国家层面加强重大翻译的策划，加强政治话语翻译的研究和创新，建立政治话语的创建、翻译与传播三方面的沟通工作机制，在重要文件起草与发布时，要考虑如何使翻译的文件能更好地为国际社会了解和传播，并在重要事件、重大问题上提前发声，对外发布权威外文译本，抢占舆论制高点。

其次，将中国话语权从"地方性语言"提升为全球性话语，要不断丰富传播的内容，寻找全球性话语的交集，实事求是地介绍"复杂"的中国。我们既要务实地思考与研究关乎整个人类社会发展的切实问题，寻找与其他国家共同的利益交汇点，又要实事求是地向国外人士讲述真实的中国。比如，在传播中华民族伟大复兴的中国梦时，要从国家利益间接层面着手，契合其他国家和民族对于安全利益、发展利益等方面的关注，把中国共产党关于"人民"的理念同西方社会分化加剧的现实连接起来，使中国梦在精神层面与国际主流社会的诉求结合，让世界更容易理解和接受中国梦。

再次，将中国话语权从"地方性语言"提升为全球性话语，要以自信、平和、包容的心态对待外宣工作。话语建设和传播有交流也有交锋，关键是要有道路自信、制度自信和理论自信，支持原创研究，既不做西方话语的传声筒，也要用西方受众乐于接受的方式设置议题，多用简洁、通俗化的表达方式，切入对方关心的话题。在对外宣传与交流中，要有自信、平和、包容的心态，理清话语表达的层次、顺序、思路，逻辑清晰、主次鲜明、客观准确地用全球性话语向世界讲好"中国故事"。

（三）提升中国道路话语表达与阐释的力度与精准性

提升中国道路的国际话语权，提升中国道路国际话语权的质量，除了要设计中国特色的理论和话语进入"元理论"层面，从"地方性语言"提升为全球性话语外，还要注重提升中国道路国际话语表达与阐释的力度与精准度。当今世界已经进入信息化时代，全球信息透明程度越来越高，信息流通阻碍系数越来越小，有效而精准地接收和传播信息，抢占国际舆论主导权，成为国家之间争夺话语权的较量。一个国家拥有较高的话语权，不仅要拥有较强的国家实力、话语队伍、话语平台，还要拥有较强力度与精准性的话语表达与阐释能力，提升国际话语的影响力，话语表达与阐释能力越强、越精准、越具有影响力，就越能主导话语主题。

首先，要提升中国道路话语表达与阐释的力度与精准度。从国家层面来说，就是要设计好话语议题。一个好的话语议题，一定是内容非常重要、其他国家密切关注，并且对我国发展有利的议题。我们要积极开启对我国特色社会主义发展有利的重要议题，并不断加强话语表达与阐释的力度与精准度。"例如，关于中国走和平发展道路问题，关于推动构建和谐世界问题，关于中国改革开放成就问题，关于'和平统一、一国两制'问题，关于我们党的西藏政策以及西藏和平解放以来的繁荣发展问题，关于中国人权建设取得巨大进展问题，关于中国贯彻落实科学发展观、改善生态环境和投资环境问题，关于中国坚持独立自主、和平、合作、和谐外交政策的问题……所有这些议题对我国都是重要的、也是国际上普遍关心的，一旦讲清楚，就有利于增进国际社会对我国的了解，有利于树立中国良好的国际形象。"[①]

其次，要提升中国道路话语表达与阐释的力度与精准度，从学术层面来说，就是要构建好话语理论体系，把握好话语导向。这就需要引导舆论朝着符合客观事实，符合党的基本理论、基本国策、基本路线，符合我们国家和人民根本利益的方向发展。如果话语导向偏离，那么话语权的影响力、控制力越强，后果和危害就会越严重。所以，把握好话语导向，必须旗帜鲜明地增强

[①] 张国祚：《关于"话语权"的几点思考》，《求是》2009 年第 5 期。

话语表达与阐释的力度与精准度。例如，针对有人主张中国指导思想应该多元化的问题，我们一定要坚定而有力地强调我们必须坚持马克思主义在意识形态领域的指导地位；针对有人主张中国应该实行民主主义和资本主义的问题，我们要坚定而有力地强调只有社会主义才能救中国，只有中国特色社会主义才能发展中国。只有旗帜鲜明而坚定，从学术理论上构建话语体系，提升中国道路话语表达与阐释的力度与精准度，话语权的导向才能发挥我们所期待的影响力。

再次，要提升中国道路话语表达和阐释的力度和精准度，就要善于贴近话语对象。在谈话、发言和交流时，我们必须要看对象，否则就会犯"对牛弹琴"的错误，在行使话语权时，首先要了解对象国家的性质、国情、民情等基本情况，再根据对象国家的利益诉求和关注点，有针对性地进行深入人心、形成共鸣的话语表达。此外，为了提升话语权的力度和精准度，还要注意区分对象，突出重点。中国道路话语表达和传播要满足国外不同层面受众的需求，通过分析不同国家和地区的国民性和习惯，制定有针对性的传播策略，突出重点，善于抢占话语先机，以增强话语的主导权。

三 建构提升国际话语权的多元传播平台与渠道

习近平总书记强调，要加强中国国际话语体系的建设，着力打造融通中外的新概念、新范畴、新表达，加强中国话语的国际传播力。因此，加强中国话语的国际传播能力，是提升中国道路国际话语权的一项重要内容。改革开放30多年以来，中国作为世界上最大的发展中国家摆脱了贫困并跃升为全球第二大经济体，创造了人类社会发展史上惊天动地的奇迹，但是中国话语地位并没得到相应的提升，解读中国实践、构建中国理论、讲好中国故事，我们在国际上还缺乏发言权，在国际传播和舆论引导中仍处于弱势地位。加强国际话语传播能力建设、提升国家话语权，是我们必须要解决好的一个重大问题。

一个国家国际话语权传播能力的强弱，很大程度上决定了这个国家国际话语权的多少。在信息全球化的今天，我们针对话语权传播的能力建设，应该要积极作为，在传播内容、传播平台、传播渠道、传播技术等层面进行探索，遵循国际话语权传播规律，变单向"灌输"为双向互动，构建多元传播平台，拓展多种传播渠道；"官方平台"与"民意渠道"并重，构建中国话语本位体系、讲好中国故事、发出自己的声音，实行有效的对外话语传播；消除国际舆论对中国的偏见、消除"中国威胁论"、"中国崩溃论"等负面影响，树立中国负责任的良好大国形象，占领国际话语体系的制高点。

（一）变单向"灌输"为双向互动

传播是共享与互动，国际传播是通过大众传播媒介进行的跨越民族国家界限的国际信息传播及过程，有效的国际传播，不是单向的"灌输"，而应该是在与其他国家和地区的互动中完成的。在对外传播的互动中，要充分认识并尊重不同受众的民俗国情和文化习惯，准确而适当地转换话语体系以切合受众心理。我国的国际传播能力和方式也需要得到同步发展，变单向"灌输"为双向互动，认真研究受众国家和地区的历史、文化因素，认真分析受众国与我国的地缘、外交关系，认真考察受众接受心理和接受习惯，实现有效的传播。

一方面，改变以传播者为中心的传播理念。在国际传播中，我们面临着巨大的悖论：世界国际传播格局是西方中心主义的，而中国的对外传播理念则是中国中心主义的。我国在对外传播理念中，始终以自我为中心，仍然没有从自我的思维定式中摆脱出来，认为只要传播动机正确，效果好不好似乎不太重要。而且我们常常在不知悉受众的偏好和期待的情况下就开启传播行为，使得传播效果经常处于"跌停板"。因此，必须扭转单向"灌输"的传播方式，代之以双向互动的传播方式。单向"灌输"得再多、再有力，若效果不好，再"高大上"的内容，也是空中云霓。

另一方面，构建双向平衡的传播秩序。双向传播模式作为传播学的一种理论模型，来自于控制论的相关论述。双向互动的传播模式表明社会传播过程不是"单向直线性"，而是"双向循环性"，它代表着组织之间的最佳传播状态，是一种理想的传播模式。双向互动的传播模式，从人类学来看也具有一定的社会意义，即社会关系的理想状态是通过由己观人到由人观己，并最终达到人与人之间不同文化的相互理解，从而相互依存并且相互区别。因此，有效的国际传播形式也应该是一个双向互动的传播过程，以构建共同的话语体系作为了解的前提基础，不仅要让别人了解我，也要让我了解别人。然而，目前中国与西方的话语体系无论是在时间还是空间上都处于一种不平衡的状态，中国作为新兴的发展中国家，经济方面的发展尽管取得了巨大的成就，但是与强势的话语体系相比，政治制度建设和文化制度建设还很不成熟，甚至刚起步。所以在中西方话语权极不平衡的背景下，我们在构建提升国际话语权的多元传播平台与渠道的过程中，不仅要努力运用体现中国立场的事务、角度和语言进行传播与交流，还要善于利用西方能理解的话语体系进行阐释与解说，实现单向"灌输"向双向互动的转变。

作为国家软实力重要组成部分的国际传播能力，直接关系着一个国家的国家利益、国际形象以及国际话语权，习近平总书记在党的新闻舆论工作座谈会上强调"要加强国际传播能力建设，增强国际话语权，集中讲好中国故事"，指出了我国国际传播能力建设的重要性。在全球化传播的时代，中国的声音已经遍布全世界。当下，我们要做的是如何实现有效的对外传播，不仅仅让世界听到中国的声音，更要让世界理解和认同中国的观念和见解。讲好"中国故事"固然重要，但更重要的是讲完故事后，中国与其他国家之间能否继续深入沟通，并相互理解，这就需要通过一个长效的双向平衡力完成。既要重视对外传播，对外讲好"中国故事"，也要重视对内传播，对中国讲好"外国故事"，营造良好的共有的发展环境，在合理的双向平衡的传播秩序中实现我国国际话语权的提升。

（二）"官方平台"与"民意渠道"并重

要全面提升中国的国际道路话语权，构建提升国际话语权的多元传播平台与渠道，除了要变单向"灌输"为双向互动的传播方式外，还必须将"官方平台"与"民意渠道"并重，在加强国际传播平台与渠道方面进行有益探索，不断创新传播理念和方法，争取更有力的国际发声。当前，中国国际传播的现实实践往往过分依赖诸如外交访问、举办或参与国际活动、发布国际新闻等直接的、官方的"硬传播方式"，而这种由官方主导的传播活动经常会给国外民众一种刻意表现、蓄意宣传的印象，往往很难达到应有的传播效果。所以，提升中国当前国际传播能力建设亟须创新对外传播渠道，"完善人文交流机制，创新人文交流方式，综合运用大众传媒、群体传播、人际传播等多种方式展示中华文化魅力"。①

在当前的全媒体时代，国家之间的信息流动渠道变得更加多元，信息交流的样式也更为丰富。"官方平台"与"民意渠道"并重，需要将传统由官方主导的国际传播方式向官方、民间团体、个人等多主体共同参与的国际传播形式转变，并通过多平台、多渠道、多主体、多形式的信息交流方式向国际社会展现中国形象、表达中国诉求、传播中国声音。在信息全球化的背景下，网络社交平台具有强大的跨国界信息整合能力，私人之间进行跨国界交

---

① 《建设社会主义文化强国，着力提高国家文化软实力》，《人民日报》2014 年 1 月 1 日。

流与互动也变得更加容易。在这种新媒介环境下，我国的国际传播能力建设应该要借助于社交媒体、视频网站等多种新兴"民意传播渠道"，逐渐形成一种由官方主导，全民共同参与的全方位立体传播方式，建构提升中国国际话语权的多元传播平台与渠道，增强中国国际传播的可信度，让世界更全面地认识中国。

对外传播无时不有、无处不在，对外传播领域不是孤立的领域，对外传播方式也不是单一的方式。在大数据时代，要建构提升国际话语权的多元传播平台与渠道，实现"官方平台"与"民意渠道"并重的传播方式应该注意几个问题：一是要注意将传统方式与现代方式相结合。任何先进的东西都有可能存在缺陷，只有在相互引证下才能更好地把握。二是"官方队伍"与"民间队伍"相结合。从一定程度上来说，官方的国际传播会更权威、更专业，但只有将"官方队伍"和"民间队伍"结合起来，才能更有效、更全面地实现国际传播。三是构建官方和民间数据整理与传播机构的联动机制，重视网络舆论的传播走势。多元传播不仅表现在传播的高平台和多渠道，更重要的是表现在内容的多样化，在网络舆论传播快速发展的今天，构建官方和民间网络数据整理与传播机构的联动机制，使搜集到的数据能为国际传播服务，提高传播的效能。

四　创新对外宣传方式方法

国际传播是一种国家文化和国家形象的输出。近年来，我国大力鼓励传媒机构构建覆盖全球的国际话语体系，力争在国际舆论斗争中正确传达中国声音，表达中国立场。在这一努力下，我国的对外传播发展得到了一定程度的提高，但我国的对外传播水平与发达国家相比还存在着相当大的距离，中国在国际上的声音依然还很弱。针对我国的对外传播现状，习近平总书记在北京主持召开党的新闻舆论工作座谈会并发表重要讲话，提出了在新的时代条件下，我国对外传播工作的 48 字职责和使命，他强调，要加强国际传播的能力建设，增强国际话语权，集中讲好中国故事，同时也要优化战略布局，着力打造具有较强国际影响力的外宣旗舰媒体。

随着我国经济的发展，特别是互联网的快速发展，我国在当今世界的信息传播与沟通中呈现前所未有的快速性和广泛性，但西方媒体仍然占据着世界舆论的主导权，其声音仍然最大，受众仍然最多。在这一形势下，我国需要在传统的对外传播基础上，利用网络新媒体创新对外宣传的方式方法，以打破西方媒体在世界舆论中的垄断地位，形成具有中国特色和影响力的舆论场。但是无论什么时候，我们面临的国际关系环境都是非常复杂的，中国的对外传播从来没有像今天一样遇到这么好的机遇，也从来没有遇到过这么多前所未有的挑战。在错综复杂的国际关系中，我们在创新对外宣传方式方法的同时，要立足于我国的国情，既具有鲜明的中国特色，又能与国外受众的思想习惯、话语习惯、表达方式有效对接。

（一）符合中国国情

对外传播是一个国家外交的重要组成部分，是跨国、跨文化、跨语言的交流，也是一个国家树立国际形象、奠定国际地位的重要手段，中国的经济地位、国际影响力和当前面临的复杂的国际关系，决定了中国的对外传播是一盘必须下好的大棋。强大起来的中国，需要展现自己；变革中的世界，需要了解中国。现阶段，随着我国的国际影响力不断提升，我国的对外交往活动日益丰富，对外传播也更加活跃，但由于语言等方面的障碍，我国的对外传播工作在传播力度、内容观念、方式方法等方面存在着许多问题，与西方发达国家相比有着很大差距。要提升中国道路的国际话语权，就必须立足于我国当前的国情，分析我国现阶段对外传播的形势状况，创新我国对外传播的方式方法和发展策略，促进我国文化的对外传播，加深国外受众对我国的了解。

立足中国国情，创新对外传播的方式方法，要紧跟时代潮流，更新传播观念，调整传播战略。一方面我国现在正处于而且今后很长的时间都将处于社会主义初级阶段，我国的社会生产力水平还比较低，社会制度还不够完善。另一方面，经过 30 多年改革开放的发展，我国经济实力和综合国力得到了飞速提升，已经成为世界上最大的发展中国家和世界第二大经济体，而且我国是一个统一的多民族国家，各种文化思想百花齐放，有着深厚的文化基础和底蕴，在对外传播中，我们有着足够的底气和自信。因此，在对外传播中，我们要立足于我国的实际，根据时代潮流和世界媒体的舆论导向，及时更新传播观念，全方位进行改进。同时，更新传播观念，既要根据国内外实际情况全方位调整传播的内容，又要以新的视角和观念重新审视媒介的立场，使传播出去的中国声音能公正、客观、全面地阐释中国实际。

立足中国国情，创新对外传播的方式方法，既要联合海外网络媒体，也要注重发展本土传播。"引进来"和"走出去"是我国国际化传播的重要战略。党的十八大以来，党中央针对我国对外传播工作加强统筹国内国际两个大局，一方面，国际报道积极回应国内关切，另一方面，对外传播在国内解惑的基础上进行，积极拓展传播渠道，创新对外传播的方式方法，使我国的对外传播在内外兼顾上取得了积极进展。在对外传播的发展战略中，中国媒体可以根据国内外媒体的舆论导向，立足我国国情，联合海外传播媒体，与当地语言、风俗习惯、运作体制等方面进行对接的同时，进一步加强驻外本土化传播机构建设，通过交换、合作利用本土渠道传播中国声音，不仅有利于驻外媒体的生产与发展，而且能使传播更有针对性。

（二）具有鲜明的中国特色

改革开放以来，随着我国经济的发展，特别是互联网的发展，信息全球化日益加强。当前，我国正处在一个伟大的变革时代，信息沟通在世界中呈现出前所未有的迅速性和广泛性，我们从来没有像今天这样离实现社会主义伟大复兴的"中国梦"如此之近。同时，我国的对外传播在世界格局大变革中具有许多鲜明的中国特色、历史特点以及复杂的挑战。习近平总书记指出，中国需要更多地了解世界，世界也需要更多地了解中国。这要求我们在对外传播中，努力坚持中国文化、价值观念的自信，全面展示中国文化独特的魅力和良好的国家形象，提升具有中国特色的中国道路国际话语权。

具有鲜明的中国特色的对外传播方式，就是用中国自己的话语来表达，形成具有中国特色的对外传播理论体系。实践永无止境，理论创新也永无尽头。随着时代潮流的发展与变化，中国对外传播的新实践对理论研究提出了新的更高的要求。我国的对外传播工作必须立足于当前已有实践和未来发展趋势，将对外传播的理论与新形势、新任务紧密结合，研究新实践、新技术条件下的新问题。在新理论和新实践的结合下，形成具有中国特色的对外传播理论体系，用中国自己的话语来表达，从内容与形式上加强对外传播的吸引力和影响力，促进中国和世界相互了解的同时，也加深外部世界对中国的了解。

具有鲜明的中国特色的对外传播方式，就是要讲好中国故事，传播好中国特色社会主义核心价值观。"党的十八大以来，新一届中央领导集体的一系列执政理念、执政方略以及核心价值取向，在国际社会引起高度关注和热烈反响。比如'中国梦'、'新型大国关系'、'命运共同体'、'丝绸之路经济带'等提法，就是中国共产党执政理念与价值追求的最新表达。"在对外传播中，中国要"以一个大国的世界观、气度胸怀、深厚的文化积淀和丰富生动的语言来深入理解、诠释和传播好这些概念和理念，阐释好中国人的精神追求和价值取向"[①]，用具有鲜

---

① 周明伟：《构建中国特色社会主义对外传播理论体系》，《对外传播》2014 年第 9 期。

明中国特色的对外传播方式，传播好中国特色社会主义核心价值观，讲好中国故事。

　　具有鲜明的中国特色的对外传播方式，需要构建具有中国特色的对外传播新格局。新世纪以来，中国对外传播的国际环境发生了复杂而深刻的变化。在国际社会中，西方发达国家仍然主导着世界范围内的舆论导向。在"西强我弱"的传播格局下，中国要实现中华民族伟大复兴的宏伟目标，就必须营造一个提升中国道路国际话语权的国际环境，构建具有中国特色的对外传播新格局。从历史上看，国际秩序的变革与国家对外传播格局的重构紧密相关。近年来，中国在开展"大国外交"和实施深度参与全球治理的国家战略后，中国的对外传播媒体发展日益强大，外宣媒体的国际传播能力得到了显著提升，国家形象和声誉在世界舞台上得到了一定程度的改善。所以，中国要成为世界上有影响力的大国，就必须在对外传播上尽快扭转目前"西强我弱"的格局，构建具有中国特色的对外传播新格局，切实达到习近平总书记提出的"讲好中国故事，传播好中国声音"的要求。

（三）与国外受众的思维习惯、话语习惯、表述方式有效对接

　　国际传播是一个双向互动的工作，受众对传播的认可和接受，是衡量国际传播工作是否有效的重要指标。在国际传播过程中，要让所传播的内容吸引国外受众，就必须先研究国外受众，有针对性地提供他们喜闻乐见的媒介宣传产品。

这就需要了解他们的接受心理、审美趣味、媒介接触和使用习惯，实现与国外受众的思想习惯、话语习惯、表述方式的有效对接。

习近平总书记讲扶贫就要精准扶贫，同样，海外传播也要做到精准传播。精准传播，就必须要在对外传播的方式、话题以及受众的思想习惯、话语习惯、表达方式等方面下功夫，做到与国外受众的有效对接。对外传播，面对不同国家的受众，我们要先进行针对性的调查与了解，分析受众的思维习惯、话语习惯，了解他们爱好什么，对中国哪方面的事情比较感兴趣，做到有的放矢。针对不同的受众国家，采用有针对性的传播方式和传播角度，比如对巴西受众讲贫困孩子足球队的故事，就比针对美国受众讲更有渲染力。

创新对外的宣传方式方法，要注意把握与国外受众共通的情感脉搏与终极人文关怀，实现"中国立场、国际表达"。在这方面，习近平总书记为我们树立了很好的榜样。2014 年，习近平总书记在访问中东国家时，讲述了一个约旦商人在义乌事业和爱情双丰收，并最终把根扎在了中国的故事，生动诠释了"中国梦"和"阿拉伯梦"的完美结合。2015 年习近平总书记在访美的西雅图欢迎盛宴上，回顾了 150 年前数以万计的华工漂洋过海来到美国参与太平洋铁路建设的历史，迅速拉近了与旅美侨胞的情感距离。习近平总书记用平实亲切的语言生动讲述的一个个"中国好故事"，获得了全世界的关注与好评，有力促进了海外受众对中国的了解。

失语就要挨骂，想要不"挨骂"，就必须要用恰当的话语和角度表达中国的观点，实现有效的对外传播，改变西方把持话语权的局面。创新对外宣传方式方法，与国外受众的思维习惯、话语习惯、表达方式进行有效的对接。第一，在对外传播中，要先让人看得懂，善用受众国家的语言，服务本土居民。语言作为传播媒介，是对外传播中"讲好中国故事，传播好中国声音"的关键。第二，要让受众对象感兴趣，对目标受众精准发力。在对外传播过程中，要深入研究不同受众的文化素养和价值取向，有针对性地设置话题，只有顺应分众化的传播趋势，对目标受众精准发力，才能实现有效的传播。第三，入耳还要入心，对外传播要善于挖掘感人细节，关注人物命运。一个有传播能力的故事，取决于能体现一定的人文价值，让人动情的故事，这比直接的宣传或抽象的概念更能打动人，在对外"讲好中国故事"中，我们要善于寻找中外利益汇合点、情感共鸣点、话语共同点，让中国故事在国外受众中入脑入心，进而让中国声音赢得国际社会的理解和认同。

五　以开放包容姿态学习借鉴
他国的先进经验

国际话语权作为一个国家软实力的重要组成部分，也是中国软实力和综合国力成长的重要指标，得到了中国政府的高度重视。正视面临的现实问题，以开放包容的姿态学习借鉴他国的先进经验，寻找提升中国国际话语权的方式方法，是中国亟待解决的问题。中国作为崛起中的东方大国，在提升国际话语权的道路上，要寻求中国与外部世界的话语共同点和利益交汇点，学习借鉴他国在话语构建与国际对话方面的先进经验，学习借鉴他国在话语传播渠道和传播能力方面的有益经验，以开放包容的姿态学习借鉴他国的先进经验，提升中国道路的国际话语权。

（一）寻求中国与外部世界的话语共同点、利益交汇点

国际舆论格局，是国际舞台上各种舆论力量在一定时间内以国际格局为基础，相互联系、相互作用所形成的一种结构状态。中国与外部世界的利益交汇点、话语共同点、情感共鸣点是中国国际交流的公约数，中外融通是实现中国国际交流的关键，决定了中国的话语体系能否有效地与世界进行沟通交流。我们在对外传播中，要注重将中国国情、中国特色和国外受众的接受心理和表达习惯结合起来，把我们想讲的与世界想听的结合起来，让中国人民与世界人民追求美好生活的梦想结合起来，多反映中国与外部世界的话语共同点、利益交汇点，积极学习国外有益的文明成果、借鉴先进经验。

国际舆论作为国际公共空间中各种意见的总和，主要以大众传媒为载体，常常以外交压力的形式出现。在当前的国际形势下，国际舆论已成为一个国家影响力的重要衡量指标，更是影响着国家形象和国际地位的重要因素。在提升我国国际话语权的道路上，在国际舆论的大环境中，我们要以开放包容的姿态学习借鉴他国的先进经验，寻求中国与外部世界的话语共同点、利益交汇点，打造"命运共同体"。世界是一个利益共同体，中

国在学习和借鉴他国先进经验提升国际话语权的道路上，要以
"各美其美，美人之美，美美与共，天下大同"的开放包容姿
态，"摒弃你输我赢、赢者通吃的旧思维，积极倡导双赢、共赢
的新理念，寻求各方共同利益的交汇点，打造携手共进的命运
共同体。"①

随着全球化时代的到来和发展，在全球化背景下，各个国家
处在同一个命运链条中，所属资源、产品、文化等互为必须，共
生共存。我国是人类命运链条中的重要一环，在提升国际话语
权的道路上，我们要以开放包容的姿态学习借鉴他国的先进经
验，以与他国的话语共同点和利益交汇点为出发点，与利益相
关国做朋友而非异己。近年来，我国政府不断强调"人类命运
共同体"这一关于人类社会的新理念，然而"共同体"不仅仅
意味着"共同"，也意味着"共生"。中国作为世界大国，有责
任和义务为了与世界"共生"而努力，在对外传播中，积极寻
求与外部世界的话语共同点和利益交汇点，用真实、诚恳的态
度讲述中国故事。

（二）学习借鉴他国在话语建构与国际对话方面的先进经验

世界需要了解中国，中国也需要了解世界。在全球化的语境
下，中国要向世界讲好"中国故事"，就必须在学习借鉴他国在
话语构建与国际对话方面的先进经验的基础上，加强国家软实
力建设，提炼中国特色社会主义核心价值观，寻找总结国外话

---

① 《融通话语体系，讲好中国故事》，《对外传播》2017 年 3 月 8 日。

语的接受规律，构建融通中外的中国特色的国际话语体系，提升中国道路的国际话语权。

首先，提升中国道路国际话语权，要学习西方大国注重国家软实力建设的先进经验，加强我国传统文化教育。中国文化，中国的文明和历史成就，都是中国文化软实力的重要组成部分，加强中国传统文化教育，是建设中国文化软实力和中国社会主义现代化的重要途径。一方面，以爱国主义为核心的民族精神和以改革创新为核心的时代精神，为我国人民树立良好的价值观念、道德风尚、思维方式和行为习惯等起到了重要的导向作用，是构成我国文化软实力的重要因素。另一方面，中国现代化的实现，必须要从本民族的传统出发，马克思主义只有通过与中国传统文化相结合，才能内化为中华民族之精神。

其次，提升中国道路国际话语权，要学习借鉴西方大国话语构建的先进经验，加强我国社会主义核心价值体系的提炼。核心价值体系，是一个政党、一个国家、一个民族得以生存和发展的灵魂，任何社会都有自己的核心价值体系。社会主义核心价值体系和社会主义核心价值观是社会主义意识形态的本质体现，是一个有机统一的整体，是引领我国社会思潮、社会风尚和个人价值取向的精神武器，加强社会主义核心价值体系和核心价值观的提炼，有利于增强公民认同，凝聚各方面的力量，促进国家综合能力的建设，提升国际话语权。一方面，核心价值观通过凝聚社会共识，达成对国家制度和国家精神的认同，规范公民的行为，促进社会的和谐发展。另一方面，核心价值体系，堪称"兴国之魂"，加强对社会主义核心价值体系的提炼，是新的历史条件下实现中华民族伟大复兴中国梦的战略举措。

再次，提升中国道路国际话语权，要学习借鉴西方大国在国际对话方面的先进经验，实现对外传播的本土化，提高文化交流与对话的有效性。任何一种文化和方式的传播，都讲求落点，有没有真正的落点、大家是否喜爱、能否接受是实现有效传播的前提基础。在全球化布局的背景下，国际传媒综合化发展，在不同的文化环境下，只有将落点放在本土化上，才能够实现有效的传播。本土化是最深刻的国际传播，也是最有效的国际传播，实现传播的本土化，就是实现传播媒体的本土化、传播内容的本土化、传播人才的本土化等，使传播内容符合受众国人民的话语习惯和接受规律，实现有效的传播。

（三）学习借鉴他国在话语传播渠道和传播能力方面的有益经验

媒体传播能力是衡量一个国家软实力的重要指标，一个国家国际话语权的大小，很大程度上来源于媒体的传播能力。目前，中国的国际传播能力建设正进入一个转型通道，中国媒体与世界一流媒体相比，还存在着一定的差距，要提高中国的国际话语权，就必须要学习和借鉴他国在话语传播渠道和传播能力方面的有益经验，打破当下"西强我弱"格局。

一方面，要在话语传播渠道方面学习借鉴他国的有益经验，构建提升国际话语权的多元传播渠道。在对外传播的国际竞争中，内容为王，渠道制胜。中国的对外传播经历了从比较单一到多渠道的传播过程，但相对于西方大国的对外传播，由于受制于政策体制的束缚和发展资金的匮乏，使得我国对外传播的渠道狭窄，效果欠佳。在对外传播过程中，我们应当学习西方国家构建提升国际话语权的多元传播渠道，坚持苦练内功与外修渠道并举，在传媒实力不断增强壮大的同时，不失时机地展开对外扩张，通过广辟渠道发出中国自己的声音。

另一方面，我们要广泛学习和借鉴他国在传播能力建设方面的有益经验，努力打造具有国际影响力的媒体。西方大国为了把持国际话语垄断权，发展中国家为了争得国际事务发言权，都在努力提高自己在传播能力方面的建设，努力打造具有国际影响力的媒体，力求在国际舆论中赢得主动，进而提升本国主导或影响国际事务的能力。当前西方主要传媒集团均以跨媒体、跨地域发展为基本特征，融合报纸、广播、电视、网络、出版等多种传播业态，搭建起业务多元、实力雄厚的"传媒帝国"。"经过多年发展，中国媒体在报道内容、形式、时效等方面有了明显改进，但传播的实际影响力仍然有限。主要表现为，在国际热点问题和突发事件报道中原创率和首发率低，在重大舆论斗争中争夺话语权的能力不足，对国际主流社会的影响力偏弱，没有掌握描述'中国形象'的主导权。而国际一流媒体通过强大的议程设置能力，把世界发生的新闻置于西方思维和价值观的评判之下，形成话语垄断，对国际主流人群产生了强大的影响。"① 所以，我们要提升中国道路的国际话语权，就必须学习和借鉴他国在国际传播能力建设方面的有益经验，努力打造具有国际影响力的媒体，实现中国道路的真正"发声"。

① 《如何加强我国媒体国家传播能力建设》（http：//news. xinhuanet. com/newmedia/2011 - 12/05/c_ 122378161. htm），2011 年 12 月 5 日。

参考文献

［1］《马克思恩格斯选集》（第 1—4 卷），人民出版社 2012 年版。

［2］《马克思恩格斯文集》（第 1—2 卷），人民出版社 2009 年版。

［3］《列宁选集》（第 1—4 卷），人民出版社 1995 年版。

［4］《毛泽东选集》（第 1—4 卷），人民出版社 1991 年版。

［5］《邓小平文选》（第 1—2 卷），人民出版社 1994 年版。

［6］《邓小平文选》（第 3 卷），人民出版社 1993 年版。

［7］中共中央文献研究室：《十三大以来重要文献选编》（中），中央文献出版社 2011 年版。

［8］中共中央文献研究室：《十五大以来重要文献选编》（上），中央文献出版社 2011 年版。

［9］中共中央文献研究室：《十六大以来重要文献选编》（上），中央文献出版社 2011 年版。

［10］《中国共产党第十七次全国代表大会文件汇编》，人民出版社 2007 年版。

[11] 许明等:《当代中国的文化发展》,中国大百科全书出版社 2008 年版。

[12] 任仲文:《传承·开放·超越——文化自信十八讲》,人民日报出版社 2011 年版。

[13] 张岱年、方克力:《中国文化概论》,北京师范大学出版社 2004 年版。

[14] 刘庵:《体制创新与发展文化经济》,广东人民出版社 2007 年版。

[15] 泰勒:《原始文化》,连树声译,上海文艺出版社 1992 年版。

[16] [英]罗素:《中国问题》,秦悦译,学林出版 1996 年版。

[17] 南达:《人类文化学》,陕西人民教育出版社 1987 年版。

[18] 杨河、邓安庆:《康德黑格尔哲学在中国》,首都师范大学出版社 2002 年版。

[19] 费孝通:《费孝通论文化与文化自觉》,群言出版社 2005 年版。

[20] 彭立勋:《文化立市与国际化城市建设》,中国社会科学出版社 2004 年版。

[21] 中华战略文化论坛丛书编委会:《社会主义核心价值观与中华战略文化》,时事出版社 2010 年版。

[22] 胡惠林:《中国国际文化安全论》,上海人民出版社 2005 年版。

[23] [美]塞缪尔·亨廷顿:《文明的冲突与世界秩序的重建》,周琪等译,新华出版社 2002 年版。

[24] 朱俊峰:《道路自信:中国共产党与中国特色社会主义道

路》，社会科学文献出版社 2013 年版。

［25］郑德荣等：《中国特色社会主义道路基本问题研究》，人民
出版社 2012 年版。

［26］秦正为：《中国特色社会主义新论》，中国社会科学出版社
2012 年版。

［27］李慎明主编：《共同富裕与中国特色社会主义》，中国社会
科学出版社 2011 年版。

［28］姜淑兰：《世界视阈中的中国特色社会主义道路研究》，光
明日报出版社 2011 年版。

［29］郑永年：《为中国辩护》，浙江人民出版社 2012 年版。

［30］张维为：《中国震撼：一个"文明型国家"的崛起》，上
海人民出版社 2011 年版。

［31］李君如：《中国特色社会主义道路研究》，人民出版社
2012 年版。

［32］张国庆：《话语权——美国为什么总是赢得主动》，江苏人
民出版社 2011 年版。

［33］陈堂发：《媒介话语权解析》，新华出版社 2007 年版。

［34］陶坚、林宏宇：《中国崛起与国际体系》，世界知识出版社
2012 年版。

［35］王庚年：《国际舆论传播新格局研究》，中国国际广播出版
社 2013 年版。

［36］秦亚青主编：《大国关系与中国外交》，世界知识出版社
2011 年版。

［37］吴瑛：《中国话语权生产机制研究——基于西方舆论对外

交部新闻发言人引用的实证分析》，上海交通大学出版社
2014 年版。

[38] ［美］汉斯·摩根索：《国家间政治：为了权力与和平的斗
争》，李晖、孙芳译，海口出版社 2008 年版。

[39] 秦亚青：《权力·制度·文化》，北京大学出版社 2005
年版。

[40] 蒲国良：《当代国外社会主义概论》，中国人民大学出版社
2006 年版。

[41] 阎树群：《中国特色社会主义自我完善论》，中国社会科学
出版社 2011 年版。

[42] 吴波：《社会主义与中国道路》，合肥工业大学出版社
2012 年版。

[43] 红旗文稿编辑部：《理论热点辨析——〈红旗文稿〉文
选》，红旗出版社 2012 年版。

[44] 卢静：《对外开放：国际经验与中国道路》，世界知识出版
社 2011 年版。

[45] ［保］亚历山大·利洛夫：《文明的对话——世界地缘政治
大趋势》，社会科学文献出版社 2007 年版。

[46] ［美］约翰·奈斯比特：《中国大趋势：新社会的八大支
柱》，吉林出版集团 2009 年版。

[47] ［英］马丁·雅克：《当中国统治世界：中国的崛起和西方
世界的衰落》，中信出版社 2010 年版。

[48] 姚遥：《新中国对外宣传史——建构现代中国的国际话语
权》，清华大学出版社 2014 年版。

［49］李君如：《中国道路与中国梦》，外文出版社 2014 年版。

［50］唐晋：《大国策——通向大国之路的中国软实力：软实力策略》，人民日报出版社 2009 年版。

［51］罗建波：《中国特色大国外交研究》，中国社会科学出版社 2016 年版。

［52］孙吉胜：《"中国崛起"话语对比研究》，世界知识出版社 2015 年版。

［53］阮建平：《民族复兴　和平发展　和谐世界：中国特色社会主义和平外交战略》，武汉大学出版社 2015 年版。

［54］周鑫宇：《中国，如何自我表达》，人民出版社 2014 年版。

［55］郭可：《国际传播学导论》，复旦大学出版社 2004 年版。

［56］周弘：《全球化背景下"中国道路"的世界意义》，《中国社会科学》2009 年第 5 期。

［57］邓纯东：《努力构建以马克思主义为指导的哲学社会科学话语体系》，《马克思主义研究》2014 年第 6 期。

［58］张志洲：《警惕话语陷阱　走好中国道路》，《红旗文稿》2013 年第 21 期。

［59］沈壮海：《文化软实力的中国话语、中国境遇与中国道路》，《马克思主义研究》2009 年第 11 期。

［60］陈曙光：《中国道路：西方话语的另类解读》，《江汉论坛》2014 年第 8 期。

［61］韩庆祥：《全球化背景下"中国话语体系"建设与"中国话语权"》，《中共中央党校学报》2014 年第 5 期。

［62］陈曙光：《多元话语中的"中国模式"论争》，《马克思主

义研究》2014 年第 4 期。

[63] 毛跃：《论社会主义核心价值观的国际话语权》，《浙江社会科学》2013 年第 7 期。

[64] ［美］阿里夫·德里克：《"中国模式"理念：一个批判性分析》，《国外理论动态》2011 年第 7 期。

[65] 赵传海：《论文化基因及其社会功能》，《河南社会科学》2008 年第 2 期。

[66] 习近平：《在纪念孔子诞辰 2565 周年国际学术研讨会暨国际儒学联合会第五届会员大会开幕会上的讲话》，《人民日报》2014 年 9 月 25 日。

[67] 习近平：《紧紧围绕坚持和发展中国特色社会主义　学习宣传贯彻党的十八大精神——在十八届中共中央政治局第一次集体学习时的讲话》，《人民日报》2012 年 11 月 19 日。

[68] 刘云山：《更加自觉、更加主动地推动社会主义文化大发展大繁荣》，《人民日报》2007 年 10 月 29 日。

[69] 沈壮梅：《文化自信之核是价值观自信》，《求是》2014 年第 9 期。

[70] 陈曙光：《价值观自信是保持民族精神独立性的重要支撑》，《求是》2016 年第 2 期。

[71] 云杉：《文化自觉文化自信文化自强　对繁荣发展中国特色社会主义文化的思考》（中），《红旗文稿》2010 年第 16 期。

[72] 郭凤志：《当代中国价值观念的文化自信》，《光明日报》

2015 年 8 月 5 日。

［73］田心铭：《独立自主是社会主义核心价值观的重要内容》，《红旗文稿》2012 年第 4 期。

［74］关利平、王学真：《文化自信：走好中国道路的底气所在》，《光明日报》2016 年 12 月 29 日。

［75］秦洁：《革命文化：中华民族最为独特的精神标识》，《红旗文稿》2016 年第 9 期。

［76］石仲泉：《毛泽东哲学思想与中国特色社会主义理论体系》，《中国延安干部学院学报》2009 年第 3 期。

［77］郝永平、黄相怀：《引领中国特色社会主义的发展方向——论社会主义核心价值体系的地位和作用》，《求是》2013 年第 3 期。

［78］郭如才：《振奋起全民族的"精气神"——十八大以来中央关于思想文化建设的新思想》，《党的文献》2015 年第 4 期。

［79］陈金龙：《"四个全面"：拓展中国道路的科学引领》，《人民日报》2015 年 5 月 18 日。